VON DER MÖGLICHKEIT UND DER UNMÖGLICHKEIT DES TODES IM PSYCHISCHEN

PHILLIP DENZIN

Von der Möglichkeit und der Unmöglichkeit des Todes im Psychischen

Zur Entwicklungsgeschichte des Triebes in Sigmund Freuds Werk

TURIA + KANT
WIEN–BERLIN

Bibliografische Information der Deutschen Nationalbibliothek

Die Deutsche Bibliothek verzeichnet diese Publikation in der Deutschen Nationalbibliografie; detaillierte bibliografische Daten sind im Internet über http://dnb.ddb.de abrufbar.

Bibliographic Information published by Die Deutsche Nationalbibliothek
The Deutsche Bibliothek lists this publication in the Deutsche Nationalbibliografie; detailed bibliographic data are available on the Internet at http://dnb.ddb.de.

ISBN 978-3-98514-107-4

Cover: Bettina Kubanek, Visuelle Gestaltung, Berlin

VERLAG TURIA + KANT

A-1020 Wien, Leopoldsgasse 14
Büro Berlin: D-10827 Berlin, Crellestraße 14
info@turia.at | www.turia.at

Inhalt

1. Einleitung

Warum eine Auseinandersetzung mit Freuds Triebtheorie? Und warum diese Auseinandersetzung mit dem *Entwurf einer Psychologie* beginnen lassen? Es ließe sich anführen, dass dieser Teil der Metatheorie Freuds von ihm selbst als Grundlage seiner Konzeption des Psychischen verstanden wurde, und dass selbst die Theorien, die sich von ihm abwenden, den Gegenstand, von dem sie sich abwenden, noch als Referenz verstehen, sie also an ihr nicht vorbeikommen. Damit würde proklamiert werden, dass die Triebtheorie ein ähnlicher Gegenstand wie Gott wäre, auf den sich auch noch alle Atheisten beziehen, selbst dann noch, wenn sie sich von Gott abwenden. Aber bestimmt diese Analogie die Triebtheorie wirklich? Sie ist verlockend, lässt sie doch anklingen, dass es um die absolute Grundlage allen Psychischen und damit alles Menschlichen geht, denn die Triebtheorie kann ja für sich anführen, dass sie sich an den tierischen Instinkten anlehnt, gleichsam in ihnen ihre Voraussetzung erkennt, nur eben über sie hinausgeht, sie transzendiert. Dieses Sich-Erheben bzw. Erhoben-Werden ist Gegenstand vieler Bilddarstellungen. Als prominentestes sei nur an Michelangelos Fresko von der »Erschaffung Adams« in der sixtinischen Kapelle erinnert. Mit dieser eher bild-poetischen Referenz soll an dieser Stelle auch schon etwas volltönend die These aufgestellt werden, dass das Psychische auch mit dem Seelischen gleichgesetzt werden kann. Und dann wäre die Libido möglicherweise Inbegriff dieses göttlichen Funkens. Was jedoch fraglich bleibt aber später eingeholt werden soll. Denn es soll gezeigt werden, dass Freud mit seiner Konzeptualisierung eines *Todestriebe*s genau diese Annahme eines Erwählt-Seins, eines im göttlichen Funken Erhoben-Werdens über den Tod hinaus, widerlegt.

2. Annäherung

Diese Arbeit geht von der Überlegung aus, dass Freud sich in besonderer Weise mit dem Verhältnis von Psyche und Körper auseinandersetzt und ihr gegenseitiges Einwirken aufeinander immer wieder thematisiert. Er arbeitet in dieser Hinsicht stets an der Grenze zwischen jenen beiden Bereichen und entwickelt - dementsprechend - Grenzbegriffe, für die wir den Todestrieb als prominentestes Beispiel anführen können. In *Jenseits des Lustprinzips* fasst er ihn (den Todestrieb) zuletzt als etwas, was schon von Beginn des Lebens an wirkt und ursächlich für die menschliche Entwicklung ist. Es gibt aber auch schon zuvor - wie gesagt - Arbeiten an jener Grenze zwischen dem Psychischen und dem Physischen in Freuds Werken. Einige von solchen Spuren werde ich nachzeichnen und in den Blick nehmen, inwieweit sich unterhalb der Begriffsebene schon Ähnlichkeiten in den Konzeptionen finden lassen. Meine These, die die einzelnen Texte übergreift, lautet, dass sich die Drohung des materiellen Verlöschens im Werden des Psychischen als primäre Kraft erweist und sich in der Begegnung mit Abwesendem als Traumatisches äußert.

3. Vorgehen und Begründung

Um diese Überlegung zu überprüfen, sollen einige Schriften von Freud diskutiert werden, in denen der Trieb, jener Grenzbegriff zwischen Somatischem und Seelischem, in verschiedener Form auftaucht. Er scheint, gerade weil er von Freud auf der Grenze situiert wird, gut geeignet. Er ist es, der in der psychoanalytischen Metatheorie als Ausdruck des Körpers gewertet wird, also hineinreicht ins Somatische. Was Freud durch ihn ausdrückt, wie er in seinem Wesen sich wandelt, was an Qualität in ihm gleichbleibt, das kann wohl am ehesten Aufschluss geben über seine Quelle, den Körper.

> Wenden wir uns nun von der biologischen Seite her der Betrachtung des Seelenlebens zu, so erscheint uns der »Trieb« als ein Grenzbegriff zwischen Seelischem und Somatischem, als psychischer Repräsentant der aus dem Körperinneren stammenden, in die Seele gelangenden Reize, als ein Maß der Arbeitsanforderung, die dem Seelischen infolge seines Zusammenhanges mit dem Körperlichen auferlegt ist. (Freud, 1915c, S. 214)[1]

Als repräsentative Schriften, in denen diesem psychischen Repräsentanten des Körperlichen nachgegangen werden soll, dienen der *Entwurf einer Psychologie, Drei*

---

[1] Längere Zitate werde ich auch im Folgenden durch Einrückung kenntlich machen und verzichte daher auf die üblicherweise verwendeten Anführungsstriche.

Abhandlungen zur Sexualtheorie, *Einführung des Narzißmus* und die sich diesem sterbenden Körper wohl am deutlichsten annähernde meta-theoretische Schrift *Jenseits des Lustprinzips*. Auf relevante Aspekte der *Traumdeutung* soll im Kapitel, welches das *Jenseits des Lustprinzips* diskutiert, eingegangen werden.

4. Freuds *Entwurf einer Psychologie*

4.1. Freuds Begriffe im *Entwurf einer Psychologie*

Freud verwendet im *Entwurf einer Psychologie* vornehmlich Begriffe aus der Neurologie und Ökonomie. Um möglichst nah am Text zu bleiben, werden diese Begriffe so beibehalten, wie sie Freud einführt. Da er diese wiederum abkürzt, sind hier die Abkürzungen noch einmal angeführt.

Die Abkürzungen der von Freud neu eingeführten Begriffe:

Q	=	Quantität (allgemein oder von der Größenordnung der äußeren Welt)
Qή	=	Quantität (von interzellulärer Größenordnung, meint offenbar psychische Quantität)
ψ	=	System durchlässiger Neuronen
φ	=	System undurchlässiger Neuronen
ω	=	System von Wahrnehmungsneuronen
W	=	Wahrnehmung (auch Wahrnehmungsbild)
V	=	Vorstellung
M	=	Bewegungsbild
Er	=	Erinnerung (auch Erinnerungsbild)

(vgl. Freud, 1950c, S. 388)

4.2. Die Psychologie für den Neurologen

Freud schrieb den *Entwurf einer Psychologie* 1895. Den jeweiligen Stand seiner Überlegungen teilte er seinem Freud und HNO-Arzt Wilhelm Fließ (1858-1928) mit. So ist sowohl der *Entwurf einer Psychologie* als auch Freuds Ringen mit der *Psychologie für den Neurologen* (vgl. Freud, 1950c, Nachtragsband, S. 376), wie er den *Entwurf einer Psychologie* in einem Brief an Fließ nannte, erhalten geblieben, weil dieser die an ihn geschickten Briefe und Manuskripte aufbewahrte. Freud versucht in seinem *Entwurf einer Psychologie* eine Psychologie zu konzipieren, die sich an die damaligen Erkenntnisse der neurologischen Struktur des Gehirns anlehnen kann. So schreibt er in einem Brief vom 25. Mai 1895 an Fließ:

> Mich quälen zwei Absichten, nachzusehen, wie sich die Funktionslehre des Psychischen gestaltet, wenn man die quantitative Betrachtung, eine Art Ökonomie der Nervenkraft, einführt. (Freud, Briefe, 1950c, S.377)

Der neurologische Rahmen wird deutlich. Freud versucht eine Funktionslehre des Psychischen zu entwerfen, die eine Ökonomie der Nervenkraft berücksichtigt, die also das Psychische auf die Grundlage neuronaler Strukturen, in denen Kräfte walten, stellt.

Dieses Zitat macht aber auch noch etwas anderes deutlich, nämlich die Perspektive, die sich auch schon in dem im Brief geäußerten Arbeitstitel widerspiegelt. Es ist der Nervenarzt, der sich auf den Weg macht, das Seelische zu erkunden, sein Funktionieren zu analysieren, und nicht der Psychologe, der sich auf den Weg macht, die sozial erfassbaren Äußerungen eines menschlichen Gehirns zu deuten.

Freud erarbeitet im *Entwurf einer Psychologie* also eine Theorie, die die Funktionsweise der Neuronen im Gehirn, d.h. wie eine Kraft durch sie fließt, abbilden und erklären soll.

Eine erste Differenzierung nimmt Freud vor, indem er das Gehirn in unterschiedliche Systeme mit unterschiedlichen Aufgaben analog zu ihrer angenommenen Funktionsweise gliedert. Daraus leitet er ein Psychisches ab, welches sich als Übertrag aus den neuronalen Strukturen verstehen lässt. Mit diesen psychologischen Überträgen entwirft Freud dann erste Ansätze davon, wie Erinnern, Bewusstsein, Affekte, Denken, Urteilen, Realitätserkennung auch als ein Ich konzipiert sein könnten.

Es scheint also statthaft, davon zu sprechen, dass sich in seinem *Entwurf einer Psychologie* zwei Dinge vergegenständlichen.

Das *erste* ist die Idee eines pulsierenden, in unterschiedlichen Systemen organisierten Gehirns. Es ist ein Gehirn der Bahnungen und Schranken, der Aktivität und der Ruhe, der Quantitäten und der Ordnung.

Das *zweite* ist ein Seelisch-Psychisches, welches in den Bahnungen, in denen die Nervenkraft pulsiert, gleichsam aufscheint, aufscheint als Periode oder Struktur und/oder anders als Schmerz, als Momente des Bewussten, als Wunsch, Erinnern, Denken, Realität und Traum.

Den *Entwurf einer Psychologie* durchzieht also eine Dialektik der Verweisungszusammenhänge. Ist Freuds Idee des Gehirns, mittels neurologisch/biologischer Begriffe beschrieben, also ein Ort der Neuronen, der physiologischen Bahnungen, der Erregungen, so werden die Überträge aus diesen Überlegungen doch mit psychologischen Konzepten gefasst. Wie weit das eine in dem andern aufgeht oder als genaues Abbild des anderen zu erkennen ist, bleibt abzuwarten. Dass es das Ziel ist, dies herauszuarbeiten, ist in der Einleitung zum *Entwurf einer Psychologie* vielleicht am prägnantesten formuliert:

> ... d.h. psychische Vorgänge darzustellen als quantitativ bestimmte Zustände aufzeigbarer materieller Teile. (Freud, 1950c, S. 387)

4.3. Ein Anklopfen des Todes im Psychischen

Die folgende Erörterung des *Entwurfs einer Psychologie* richtet den Fokus zum einen auf die Quantitäten Qή/Q bzw. auf die *Triebe*[2] und ihre in dieser Arbeit beschriebene Funktionsweise. Freud verhandelt sie eingebunden in die theoretische Erörterung des *Prinzips der Trägheit*,

---

[2] Freud benutzt nur an zwei Stellen des *Entwurfs einer Psychologie* den Begriff Trieb bzw. Triebfeder. Aber aus den jeweiligen Textzusammenhängen lässt sich ableiten, dass als Stellvertreter auch die Erregung bzw. Quantitäten und auch Qualitäten stehen können.

beschreibt ihr Wirken in der Genese des Psychischen Apparates und benennt sie an einigen Stellen durch das Begriffspaar Lust / Unlust. Der von Freud formulierten Tendenz des Nervensystems, sich von Erregung freizuhalten, dem Trägheitsprinzip (vgl. Freud, 1950c, S. 388), soll besondere Beachtung gewidmet werden, scheint es doch bedeutsam, dass als primäre Aufgabe dem Nervensystem als auch dem späteren Psychischen Apparat ein Streben gegen Null (0) zugedacht ist (vgl. Freud, 1950c, S. 390) und nicht die Aufgabe, eine Erregung zu produzieren und mit ihr physisches Geschehen zu steuern. In dieser Funktionsweise des Psychischen ein Anklopfen des Todes zu vernehmen, scheint begründbar und wird im Folgenden versucht.[3]

4.4. Eine erste Genese des Psychischen Apparates

4.4.1. Das Trägheitsprinzip

Das Trägheitsprinzip leitet Freud von der Bauweise der Nerven ab. Sowohl ihre motorische als auch sensible

---

[3] In dieser Metapher sollen zwei, unabhängig voneinander in Freuds Werk auftauchende Metaphern zum Trieb zusammen anklingen. Zum einen die des Zauderrhythmus, (vgl. Freud, 1920g, S. 43) und zum anderen die der Amplitude bzw. Periode (vgl. Freud, 1950c, S. 402, 403 und Freud, 1920g, S. 28, 29) von Erregung, in der Freud das Bewusstseinsfähige erkennt.

Ausrichtung wird so begründbar als Auf- und Abgabe-Einrichtung von Qή. Nach dem Bewegungsgesetz führt eine Aufnahme von Qή zu einer Reflexbewegung, durch welche sich das System der Qή entledigt.

> Es ist das Prinzip der N[erven]-Trägheit [: es besagt], daß [das] N[euron] sich [der] Q zu entledigen trachtet. Bau und Entwicklung sowie Leistungen [der Neuronen sind] hiernach zu verstehen. [...] Ein primäres Nervensystem bedient sich dieser so erworbenen Qή, um sie durch Verbindung an die Muskelmaschine abzugeben, und erhält sich so reizlos. Diese Abfuhr stellt die Primärfunktion des Nervensystems dar. (Freud, 1950c, S. 389)

Dieses primäre Nervensystem, welches als ein mit Muskeln versehener Reflexapparat beschrieben werden kann, der in seinem Energieniveau gegen Null (0) strebt, wird jedoch von Anfang an durchbrochen von Reizen, die aus dem Körperelement selbst stammen. Endogene Reize, die die großen Bedürfnisse Hunger, Atem und Sexualität[4] darstellen. Später führt Freud für sie den Begriff *die Not des Lebens* ein. Dass sich dieser dem Reflexapparat nicht entziehen kann, ist evident, da der Prozess auf der Ebene des Physiologischen situiert ist. Der Körper, der Qή abführt, ist derselbe wie der, in dem die Reize

[4] Diese sind im *Entwurf einer Psychologie* noch nicht weiter ausgeführt, können jedoch schon hier als ein Synonym der Triebe gelten. Sie verursachen die *Not des Lebens,* wenn durch Entwicklungsstand, Lebensbedingungen oder gesellschaftlich bedingte Einflüsse begründet, keine Abfuhr der Qή bzw. Befriedigung dieser erreicht wird.

entstehen. Dieser Körper ist weiterhin ausgestattet mit Nervenendschirmen/ Nervenendapparaten, welche der Außenwelt zugewandt sind. Von ihnen strömt Erregung aus der Außenwelt in das Nervensystem. Die Nervenendschirme dienen, da sie größeren Reizquantitäten ausgesetzt sind als die Nervenendigungen, die den endogenen Reizquellen zugewandt sind, der Reduktion des Reizniveaus auf ein interzellulares Niveau. Diese Nervenendigungen, die den endogenen Reizquellen zugewandt sind, müssen das Qή nicht auf interzelluläres Niveau herabdrücken. Für Freud ist dies die Begründung dafür, dass sie keine veränderten Nervenendigungen benötigen. Die endogenen Nervenstränge besitzen lediglich die Form normaler Nervenendigungen, wie sie zwischen den einzelnen Nervensegmenten auch vorkommen.

> Man ahnt hier ferner eine Tendenz, die etwa den Aufbau des Nervensystems aus mehreren Systemen beherrschen mag: immer weiter gehende Abhaltung von Qή von den Neuronen. Der Aufbau also des Nervensystems dürfte der Abhaltung, die Funktion der Abfuhr der Qή von den Neuronen dienen. (Freud, 1950c, S. 399)

4.4.2. Kontaktschranken im Nervensystem

Eine richtungweisende weitere Überlegung formuliert Freud im Kapitel *Die Kontaktschranken*. Eine Theorie der Funktionsweise des Gehirns, welche grundlegend sein soll für einen seelischen/psychischen Apparat, muss das Problem des sich Erinnern-Könnens des Menschen erklären können. Damit spricht er ein Problem an, das ihn bei seinen histologischen Forschungen an Nervengewebe sicher schon beschäftigt haben wird. Wie kann eine Materie, durch die eine Bewegung, Qή, fließt, analog zur Bewegung einer Welle im Wasser, diese Bewegung erinnern, wenn sie nach der Bewegung doch so scheint, als wäre sie weder in ihrer Materie noch in ihrer Form verändert worden?

Eine Antwort ergibt sich für ihn durch die Annahme von Kontaktschranken, die, um es zu verallgemeinern, den Fluss der Bewegung verändern, ihm eine Richtung und ein Bett geben. Zudem wird dem Fluss der Bewegung eine sich durch *die Not des Lebens* ergebende, qualitative Energieweise zugewiesen.[5] Freud konstruiert so eine sich verändernde neuronale Struktur des Gehirns, die gestaltet wird durch *die Not des Lebens* und die Reize von außen. Das Gehirn bleibt sich jedoch in seiner physiologischen Gestalt gleich.[6]

Im Kapitel /die Kontaktschranken /taucht die Redewendung *die Not des Lebens* erstmals in Freuds Schriften auf. Später verwendet Freud sie erneut in der *Traumdeutung* und ersetzt sie in *Das Unbehagen in der Kultur* durch das griechischen Wort *Ananke*, was so viel bedeutet wie

---

[5] Auf das Problem der materiellen Qualität der Bewegung soll nicht weiter eingegangen werden. Für Freud bestand ein Leben lang die Hoffnung diese Qualität auf biologischer bzw. chemischer Ebene eines Tages nachweisen zu können.

[6] Die phylogenetische Entwicklung des menschlichen Gehirns ist in dieser Metapher natürlich nicht berücksichtigt.

Bedürfnis oder Zwangsläufigkeit. In der griechischen Mythologie ist sie eine Geliebte des Zeus und die Personifizierung der unausweichlichen Notwendigkeit und auch des Schicksals. Freud beschreibt hier jedoch mit der *Not des Lebens* noch die Not des Nervensystems, der die /endogene entstammende/ Erregung Qή so abführen muss, dass das Qή-Niveau wieder gegen Null geht. Mit der Umbenennung in *Ananke*, der man wohl getrost unterstellen kann, Spuren dieser *Not des Lebens*, wie sie auch in dem *Entwurf einer Psychologie* formuliert sind, zu tragen, vollzieht Freud, so scheint zumindest die Namensgebung zu suggerieren, eine Hinwendung zur unausweichlichen und schicksalhaften Begegnung mit der Welt auf Grund der eigenen Bedürfnisse. Der Akzent liegt dann also mehr und mehr auf der Welt denn auf den eigenen Bedürfnissen. Aber zurück zu dem Problem des Sich-Erinnerns, also einer strukturellen Veränderung, und der sich gleichbleibenden Gestalt des Gehirns.

4.4.3. Zwei Systeme entfalten sich

Freud löst dieses Problem mittels Einführung zweier Systeme, deren unterschiedliche Aufgaben dahingehend beschrieben werden, dass sich das eine durch weiterhin hohe Sensibilität gegenüber der *Not des Lebens* als auch gegenüber den Reizen der äußeren Welt auszeichnet, das andere durch Kontaktschranken mit ihrer den Energiefluss hemmenden und unterschiedlich bahnenden Wirkung.

Ersteres System ist für die Reizweiterleitung ohne strukturelle Veränderung zuständig und Freud nennt es System φ.

Das zweite System ist für das Gedächtnis, Freud nimmt auch an, für psychische Vorgänge per se zuständig und nennt es System ψ. Beide Systeme sind auch topologisch voneinander zu unterscheiden.

4.5. Überträge im Psychischen

4.5.1. Der Schmerz

Nach Freud besteht Schmerz in dem Hereinbrechen großer Q nach ψ.[7]

> Der Schmerz setzt das φ wie das ψ System in Bewegung, es gibt für ihn kein Leitungshindernis, er ist der gebieterischste aller Vorgänge. [...] wie wenn der Blitz durchgeschlagen hätte, Bahnungen, die möglicherweise den Widerstand der Kontaktschranken völlig aufheben und dort einen Leitungsweg etablieren, wie er in φ besteht. (Freud, 1950c, S.400)

Freud entwickelt die Vorstellung eines Schmerzes, der in Form übergroßer Q-Mengen sich ähnlich dem Blitz, der durchschlägt, einen Weg bahnt durch die Systeme φ

[7] Freud stellt ähnliche Überlegungen in Bezug auf den Schmerz an in seiner Schrift *Jenseits des Lustprinzips*. Dort heißt es: *Solche Erregungen von außen, die stark genug sind, den Reizschutz zu durchbrechen, heißen wir traumatische.* (Freud, 1920g, S. 29)

und ψ. Er hinterlässt eine Bahnung, welche mindestens für das System ψ eine widernatürliche ist, indem möglicherweise auch keine Kontaktschranken die Ausbreitung von Q strukturieren. Der Schmerz ist also zweierlei. Zum einen strukturiert er den Teil des Systems ψ, den er durchläuft so, dass er dem System φ dort ähnlich wird. Zum anderen, und darauf verweist die Metapher, die Freud gebraucht, bahnt sich der Schmerz seinen Weg durch beide Systeme in einer anderen Geschwindigkeit oder aber in einer anderen Periode.[8]

4.5.2. Periodisches schwingt sich auf zu Bewusstseinsfähigem

Freud ist mit seiner Erörterung der Bewegungen von Qή und der Besetzung einzelner Neuronen durch Q sowie der Systeme, die hier in Grundzügen wiedergegeben wurden, an ein Ende gekommen. Sein *Entwurf einer Psychologie* beschreibt einen psychischen Apparat, der als Wahrnehmungs- und Reflexapparat mit Erinnerungsfunktion beschrieben werden kann.

Was sich bisher jedoch der Analyse entzog, ist, wie sich ein Bewusstes in diesen Systemen des Psychischen Apparates denken lässt. Es muss in der Lage sein, die Vorgänge quantitativer Art in den Systemen, also erinnerungsgeleitete Erregung im System ψ und situations-

---

[8] Auf die Frage, was der Schmerz ist und wie sich sein Verhältnis zur Unlust gestaltet, wird Freud auch in der Schrift *Jenseits des Lustprinzips* noch eingehen.

abgeleitete Wahrnehmung von System φ zu System ψ, als qualitative Vorgänge so zu begreifen, dass sie bewusstseinsfähig werden. Wo also werden aus Quantitäten, wie sie in der physikalischen Welt vorkommen, Qualitäten? Das Wahrnehmen, welches nach Freud in beiden bisher eingeführten Systemen stattfindet, kann nicht als qualitativ beschrieben werden. Ebenso wenig ein Erinnern im System ψ, welches zwar dem direkten Zugang von außen enthoben ist, sich nur den reduzierten Qή von φ und der endogenen Erregung stellen muss, aber dennoch nach Freud nicht die Leistung in Anspruch nehmen kann, aus einer Quantität eine Qualität zu machen.

> So schöpft man den Mut zur Annahme, es gäbe ein drittes System von Neuronen, ω etwa, welches bei der Wahrnehmung miterregt wird, bei der Reproduktion nicht, dessen Erregungszustände die verschiedenen Qualitäten ergeben, d.h. bewußte Empfindungen. (Freud, 1950c, S. 401)

Dieses bewusstseinsfähige System wandelt nach Freud äußere Quantitäten in Qualitäten um. Freud nimmt an, dass dies nur geht, wenn dieses System fast aller Quantität enthoben ist. Die Systeme scheinen also nach einem hierarchischen Prinzip gegliedert. Von φ zu ψ zu ω werden Quantitäten reduziert, bis sie im System ω ein Minimum erreichen. Ein Problem scheint jedoch genau mit dieser Reduktion zu tun zu haben. Wie kann ein Bewusstseinsträger das System ω vollkommen oder mindestens nahezu undurchlässig sein für Qή? Wäre es so, wäre es dann nicht unsensibel für Einwirkungen durch die Außenwelt?

> Zum Wechsel des Inhalts, zur Flüchtigkeit des Bewußtseins, zur leichten Verknüpfung gleichzeitig wahrgenommener Qualität stimmt nur volle Durchlässigkeit der ω Neuronen mit vollständiger restitutio in integrum. (Freud, 1950c, S.402)

Freud löst dieses Problem, indem er sich die Übertragung aus dem System ψ zu ω als einen Induktionsvorgang denkt, einen Vorgang also, in dem keine Quantität Qή in einer Bahnung oder eine Masse in Bewegungsbahnen sich fortbewegt, sondern eine Bewegung sich fortbewegt als Periode über Körper hinweg. Die Quantität läuft auf, bleibt und gibt nur ihren eigenen Bewegungsrhythmus weiter. Sie verhält sich wie Wellen, die an den Strand schlagen, nichts verursachend außer einem sich auditiv mitteilenden Rhythmus.

Freud führt hier in sein Konzept eine neue Qualität ein. Er formt die Erregung, die sich im Nervensystem ausbreitet und dieses verändert zurücklässt, weiter, so dass sie auch noch zum Träger eines Rhythmus wird. Wäre dem so, dann wäre Bewusstsein Klang, sich zusammensetzend aus Differenz, Differenz zwischen Anschwellen und Abschwellen, oder auch /Gleichzeitigkeit/ auf unterschiedlichen Bahnungen, Bewusstsein wäre Schwingung.

> Die Annahme geht aber weiter, dass die ω Neuronen unfähig sind, Qή aufzunehmen, dafür sich die Periode der Erregung aneignen, und daß dieser ihr Zustand von

> Affektion durch die Periode bei geringster Qή-Erfüllung das Fundament des Bewußtseins ist. Auch die ψ Neuronen haben natürlich ihre Periode, allein, diese ist qualitätslos, besser gesagt: monoton. Abweichungen von dieser psychischen Eigenperiode kommen als Qualität zu Bewußtsein. (Freud, Nachtragsband, S. 402-403)

Die Verschiedenheiten von Perioden wären den Sinnesorganen geschuldet, die wie Q-Schirme (Erregungsschirme) wirken, aber auch wie Siebe, durch die nur Vorgänge mit bestimmter Periode als Reiz durchgelassen werden. Von dort finden sie ihren Weg zum System ω über φ dann ψ. Der Teil, der Periode ist, hinterlässt keine Spuren, ist nicht reproduzierbar. Das scheint die Begründung für die Dualität von Quantität und Qualität als gleichermaßen bedeutsame für Erinnerung und Bewusstsein und als auch ähnlich miteinander verwoben wie jenes Ineinander-Greifen von Quantität und Qualität/Periode.[9]

4.5.3. Lust - Unlust

Im Kontext des Bewusstseins stellt sich für Freud eine weitere Frage. Es ist die nach dem Verhältnis von Lust und Unlust zueinander. Beide sind eindeutig bewusstseinsfähig, sind sie doch Beschreibungen einer emotionalen Bewusstseinsqualität. Da jedoch Freud solche

[9] Die Metapher der Welle, für welche der Rhythmus bzw. der Abstand der Wellenberge zueinander genauso bedeutsam ist wie die quantitative Menge des bewegten Wassers, vermag hier den Zusammenhang für Quantität und Qualität vielleicht noch einmal zu verdeutlichen.

Qualitäten auf quantitative Prozesse zurückgeführt hat, bleibt die Frage, mit welchem Erregungsniveau sie assoziiert werden müssen. Der Zusammenhang lässt sich ableiten von der Annahme, dass das psychische Leben Unlust vermeiden will und dieses wiederum mit der primären Trägheitstendenz zu identifizieren ist.

> Da uns eine Tendenz des psychischen Lebens, Unlust zu vermeiden, sicher bekannt ist, sind wir versucht, diese mit der primären Trägheitstendenz zu identifizieren. Dann wäre Unlust zu decken mit Erhöhung des Qή-Niveaus oder quantitativer Drucksteigerung, wäre die ω Empfindung bei Qή-Steigerung in ψ. Lust wäre die Abfuhrempfindung. [...] Lust und Unlust wären die Empfindungen der eigenen Besetzung, des eigenen Niveaus in ω, wobei ω und ψ gewissermaßen kommunizierende Gefäße darstellen. (Freud, 1950c, S. 404)

Dieses Zitat liest sich wie eine Gleichung mit den schon erwähnten Zusammenhängen. Auf der einen Seite steht das Erleben des Individuums auf emotionaler Ebene, auf der anderen Seite stehen die Qή Flüsse und quantitativen Besetzungen. Ausgangslage des Nervensystems ist ein geringes oder kein Qή-Niveau, also auch keine Besetzungen mit Q. Den analogen affektiven Zustand des Individuums bleibt uns Freud jedoch schuldig, wobei dies der Tatsache geschuldet sein mag, dass ein solcher Zustand jenseits des Lebens, also einem Nicht-Bewegt-Sein, nicht denkbar ist.[10] Als Ursprung ist er jedoch

[10] Auf mögliche Analogien mit *Jenseits des Lustprinzips*, die dieses *Jenseits des Lebens* geradezu beschwört, wird im

logisch, da es unsinnig erscheint, ein ursprünglich hohes Qή-Niveau anzunehmen.

Von einem niedrigen Niveau steigt, auf Grund des monoton fließenden Charakters des endogenen Qή, das Niveau von Qή im System ψ immer höher, bis es im Gipfelpunkt der Unlustempfindung droht, das System biologisch zu schädigen. Bewusstsein in Unlust entsteht nach Freud durch jenes *Kommunizieren der Gefäße* ω, ψ, die dann auch die Abfuhr als Lust empfinden. Die steigende Besetzung der Systeme ω und ψ wird zur Unlustempfindung, die fallende eigene Besetzung wird zur Lustempfindung. Bewusstsein lässt sich auf dieser Ebene denn auch nur denken als wenig differenzierte Empfindung. So mag dieses eine Erklärung beinhalten, warum sich die Empfindungen von Lust und Unlust widerspruchsfrei an fast alle differenzierteren, menschlichen Empfindungen anlehnen können.

4.6. Das Funktionieren des Apparates

4.6.1. Freuds erstes Schema der Systeme φ, ψ, und ω

Das System φ leitet, vermittelt von den Nervenendschirmen, Quotienten der auf diese einwirkenden Reize nach System ψ. Es kann angenommen werden, dass nur mittlere Reizgrößen wirksam im Sinne des Systems weitergeleitet werden.

Kapitel Ableitungen aus dem *Entwurf einer Psychologie* eingegangen.

Zu große, Schmerzniveau erreichende Reizgrößen brechen durch und bahnen, möglicherweise dauerhaft, sich ihren Weg. Einher mit diesem Durchbrechen geht möglicherweise ein Versagen des gesamten Systems.

Zu kleine werden ausgefiltert, erlangen also keine Wirkmacht, um eine Bewegung in Gang zu setzen.

Die im System φ anlangenden Reize haben dann zwei Wirkweisen. Zum einen sind sie eine Quantität geworden, die als Abbild des Reizes aus der Außenwelt gelten kann, wobei als Einschränkung hinzugefügt werden muss, dass sie nunmehr nur ein eingeschränktes Spektrum auf einem vormals potentiell unendlichen Strang, wohlgemerkt nimmt Freud an, in zwei Richtungen, abdecken.[11]

Zum anderen sind sie Qualität, also Periode, wobei auch hier gelten soll, dass diese analog zur Quantität begrenzt gedacht wird.

Der Reiz, der in seiner doppelten Weise die Nervendschirme passiert hat, bewegt sich von dort ungehindert als Qualität fort durch die Systeme φ ψ bis zu ω. Diese Bewusstsein erzeugende Periode verflüchtigt sich gegen die motorische Seite, wo sie durchgelassen wird. Sie verursacht kein Gedächtnis.

---

[11] Zieht man als Referenz eines Reizes die Temperatur heran, dann wird schnell klar, dass sie nicht beschrieben werden kann als unendlicher Strang, sondern dass sie mindestens im absoluten Nullpunkt begrenzt ist. Es erscheint auch plausibel, für alle anderen aus der Natur stammenden Reize einen solchen Nullpunkt anzunehmen.

> Die Quantität des φ Reizes erregt die Abfuhrtendenz des Nervensystems, indem sie sich in proportional motorische Erregung umsetzt. (Freud, 1950c, S. 406)

Die motorische Erregung im System φ findet von dort zu einem Quotienten Eingang im System ψ. Die Größendimension beschreibt Freud mit interzellulär. Die deutlich größeren Dimensionen der Erregung finden nach Freud eine Entbindung in Muskeln, Drüsen und dergleichen.

Das Qή, welches ins System ψ strömt, wird dort auf eine Weise verteilt, die mit einem System von Überlaufbecken unterschiedlichster Größe verglichen werden kann, wobei die Öffnung der Becken abhängt von der Größenordnung des Reizes, dem es als Gefäß standhalten muss. Freud drückt dieses Funktionieren aus, indem er von unterschiedlich engen Bahnen ausgeht, welche je nach Stärke des Reizes sich öffnen und als Besetzungsmöglichkeit zur Verfügung stehen.

Deshalb lässt sich sagen, dass sich Quantität im System ψ ausdrückt als Komplikation des Netzes der Besetzungsmöglichkeiten in Abhängigkeit von spezifischer Gesetzmäßigkeit und Topik, wobei die anatomischen Verhältnisse gemeint sind bzw. sich die Frage stellt, welcher Teil des System φ mit welchem Sinnesorgan zusammenhängt.

Zusätzlich erhält das System ψ noch Besetzung aus dem Körperinneren, was Freud dazu veranlasst, die Neuronen des Systems ψ noch einmal zu differenzieren in die, die mit dem Erregungsstrom aus dem Köperinneren zu tun haben, die nennt er Kernneuronen, und in die, die mit dem Erregungsstrom, welcher aus dem System φ kommt, zu tun haben, er nennt sie Mantelneuronen.

4.6.2. Die Reservoirfähigkeit der ψ Leitungen

> Der Kern von ψ steht in Verbindung mit jenen Bahnen, auf welchen endogene Erregungsquantitäten aufsteigen. Ohne daß wir Verbindungen dieser Bahnen mit φ ausschließen, müssen wir doch die ursprüngliche Annahme festhalten, daß ein direkter Weg vom Körperinneren zu ψ Neuronen führt. Dann ist aber ψ auf dieser Seite den Q schutzlos ausgesetzt, und hierin liegt die Triebfeder des psychischen Mechanismus. (Freud, 1950c, S. 408)

Wie dieser aus dem Inneren stammende Reiz wirkt, lässt sich nach Freud ebenfalls mit der Metapher der Überlaufbecken beschreiben, wobei hier die Besonderheit darin besteht, dass diese nicht als ein ausuferndes Netz beschrieben werden können, sondern als ein linear aufsteigender Strang, der in einem Netz mündet. Ab einem bestimmten Betrag an Erregung, in unserem Bild ab einer bestimmten Füllmenge (Summation) Wasser in jedem einzelnen Becken, fallen alle Schranken und die Erregung fließt ab. Hiernach baut sich der Widerstand in seiner vollen Stärke wieder auf. Dass sich der Widerstand wieder herstellt, nennt Freud allgemeine Eigenschaft der Kontaktschranke auf einem basalen Niveau (vgl. Freud, 1950c, S. 409). Diese Eigenschaft steht insofern nicht im Konflikt mit der angenommenen Bahnung, die ja als eine dauerhafte Durchlässigkeit gegenüber Qή angenommen wurde, als sich diese Bahnung auf Qή Niveaus bezieht, die deutlich über dem Niveau liegen, welches für den endogenen Reiz angenommen werden muss. Die Modifizierung der Kontaktschranken liegt also darin, dass man nur anzunehmen braucht,

> daß die Bahnung, die nach dem Q-Ablauf übrigbleibt, nicht in der Aufhebung eines jeden Widerstandes besteht, sondern in der Herabsetzung desselben bis auf ein notwendig bleibendes Minimum. (Freud, 1950c, S. 409)

Dieses, nimmt Freud an, ist kein einmaliges Geschehen, sondern erfolgt immer wieder, so oft, bis eine Bahnung mit einem letztendlichen Widerstandsniveau erreicht ist. Dieses ist höher als das Qή Niveau, welches aus dem Inneren fließt. Ein entstammendes Qή ist also in der Lage, das Netz der verschieden engen Bahnungen im System ψ kontinuierlich zu besetzen, es ist dieser Erregung preisgegeben.

> Ψ ist hier der Q preisgegeben, und damit entsteht im Innern des Systems der Antrieb, welcher alle psychischen Tätigkeiten unterhält. Wir kennen diese Macht als den Willen, den Abkömmling der Triebe. (Freud, 1950c, S. 410)

So bleibt übrig festzuhalten, dass das System ψ angenommen werden muss als kontinuierlich aufgefüllt mit Qή.

4.6.3. Das Befriedigungserlebnis und das Schmerzerlebnis

Ein kontinuierlich (wieder)angefülltes System ψ wird den Drang haben, sich dieser Erregung zu entledigen. Der Weg durch Ausdruck von Gemütsbewegungen, so benennt es Freud, also das Schreien des Kindes, wird keine dauernde, also gelingende, Reizaufhebung zur Folge haben. Reizaufhebung gelingt nur durch eine die Entbindung von Qή im Körperinneren für eine Weile aussetzende Einwirkung. Mit anderen Worten: Ein schreiendes Kind braucht möglicherweise Nahrung oder Nähe. Dieses Befriedigungserlebnis, welches wohl mit Recht als affektgesteuertes, subjektives Erleben beschrieben werden kann, ist also primär eine Entledigung von Qή durch die Kern-Neuronen.

> Diese Abfuhrbahn gewinnt so die höchst wichtige Sekundärfunktion der *Verständigung*, und die anfängliche Hilflosigkeit des Menschen ist die *Urquelle* aller *moralischen Motive*. (Freud, 1950c, S. 410 - 411.)

Noch einmal: Diese fremde Hilfe, welche als prototypisches Verständigungserlebnis (vgl. Freud, 1950c, S. 411) dargestellt wird, ist eine Sekundärfunktion des primären Energiehaushaltes, welcher sich zurück ins Gleichgewicht bringen will. Was ist dieses prototypische Verständigungserlebnis, was geschieht genau im System ψ?

> 1. Es wird dauernde Abfuhr geleistet und damit dem Drang, der in ω Unlust erzeugt hat, ein Ende gemacht.

> 2. Es entsteht in dem Mantel die Besetzung eines Neurons (oder mehrere), die der Wahrnehmung eines Objektes entspricht.
> 3. Es kommt an anderer Stelle des Mantels die Abfuhrnachricht von der ausgelösten Reflexbewegung, die sich an die spezifische Aktion anschließt. Zwischen dieser Besetzung und den Kernneuronen bildet sich eine Bahnung. (Freud, 1950c, S. 411)

Die unter Punkt 3 festgehaltene Nachricht ist bedeutsam, bildet sie doch jene erste Rückkoppelung, bzw. Reflektion im wörtlichen Sinn, einer Erregungsabfuhr im abgegrenzten System. Freud nennt sie Bewegungsbild, entstanden als Nebenfolge jener Abfuhrbewegung der Erregung, die ihrerseits sensible Erregung (in Haut und Muskel) produzierte.

Die Begrünung für die Bahnung liefert Freud nach. Auf der Beschreibungsebene des bedürftigen Säuglings ist sie evident. Isst oder spürt der Säugling bedeutungsvolle Nähe im Zustand der sich immer höher aufwerfenden (summierenden) *Not des Lebens,* findet dieses Befriedigungserlebnis als prototypisches Noch-Einmal oder Bewegungsbild der eigenen Körpersensation, während oder kurz nach der Befriedigung, Eingang ins System ψ als Erinnerungsbild.

Auf der Ebene der Neuronen und Quantitäten entstehen Bahnungen zuerst zwischen Kernneuronen, die endogen besetzt sind, und dann Mantelneuronen, weil sie Repräsentanzen des befriedigenden Objektes sind. Und da die eigene Körpersensation fast gleichzeitig einsetzt, kommt es dann zu einer Bahnung zwischen den Mantelneuronen, die besetzt sind durch die Erregung, herrührend aus der eigenen Körpersensation, und denen, die als Repräsentanz des Objektes gelten können. Es erscheint also statthaft zu sagen, dass sich die spätere Halluzination schon im Befriedigungserlebnis entwirft.

> Es entsteht also durch das Befriedigungserlebnis eine Bahnung zwischen zwei Erinnerungsbildern und den Kernneuronen, die im Zustand des Drangs besetzt sind. Mit der Befriedigungsabfuhr strömt wohl auch die Qή aus den Erinnerungsbildern ab. Mit dem Wiederauftreten des *Drang- oder Wunschzustandes* geht nun die Besetzung auch auf die beiden Erinnerungen über und belebt sie. Zunächst wird wohl das Objekterinnerungsbild von der Wunschbelebung betroffen. Ich zweifle nicht, daß diese Wunschbelebung zunächst dasselbe ergibt wie die Wahrnehmung, nämlich *Halluzination.* (Freud, 1950c, S. 412)

Als Nachtrag soll noch erwähnt werden, dass Freud mit jenem hier unvermittelt Eingeschobenem ein Grundgesetz bezeichnet, nach dem eine Bahnung vorrangig entsteht bzw. später Priorität in der Erregungsabfuhr genießt, wenn die beteiligten Neuronen beide mit Q besetzt sind. Freud nennt es das *Grundgesetz der Assoziation durch Gleichzeitigkeit* (vgl. Freud, 1950c, S. 411).

4.6.4. Der innere Schmerz

Das Wünschen ist leicht abzuleiten aus der einsehbaren sich wieder bildenden *Not des Lebens*, die sich nicht endgültig bannen lässt. Auch der Schmerz, als einbrechendes übergroßes Q aus der Außenwelt mit seinen Folgen, ist nicht schwer nachzuvollziehen. Aber wie ist es mit dem Schmerzerlebnis?

> Der Schmerz erzeugt eine ψ 1. große Niveausteigerung, die von ω als Unlust empfunden wird, 2. eine Abfuhrneigung, die nach gewissen Richtungen modifiziert sein kann, 3. eine Bahnung zwischen dieser und einem Erinnerungsbild des schmerzerregenden Objektes. Es ist überdies keine Frage, daß der Schmerz eine besondere Qualität hat, die sich neben der Unlust geltend macht. (Freud, 1950c, S. 412-3)

Es stellt sich ein, wenn ein Erinnerungsbild eines feindlichen Objektes wiederbesetzt wird. Nur woher kommt das Q, welches beim Wunsch als Reflexbewegung, die ins Leere läuft, zur Enttäuschung führt, eben weil sie keine Abfuhr und damit Aufhebung bedeutet. Dass es hier etwas gibt, was abgeführt werden muss, scheint nicht einsichtig.

Auf der Ebene der menschlichen Erfahrung ist es wiederum leicht verständlich, da wahrscheinlich alle die Situation des Unbehagens kennen, wenn sich eine, wodurch auch immer ausgelöste Erinnerung von Schmerz meldet. Auf der Ebene der Quantitäten bleibt die Frage bestehen. Freud löst sie hier mit der Einführung von *sekretorischen Neuronen,* deren Aufgabe es ist, in bestimmten Situationen Q zu erzeugen. Sekretorisch bezieht sich auf die Vermutung, dass die endogenen Reize chemische Produkte sind. Das heißt also, dass in Situationen, in denen die Wahrnehmung mit einem feindlichen Erinnerungsbild konfrontiert ist, System ψ mit Qή-Spannung aus dem Inneren aufgeladen wird.

Zum besseren Verständnis habe ich versucht, die sekretorische Besetzung des feindlichen Erinnerungsbildes in einer Graphik festzuhalten (Zum Stellenwert der Graphiken siehe folgende Fußnote[12].):

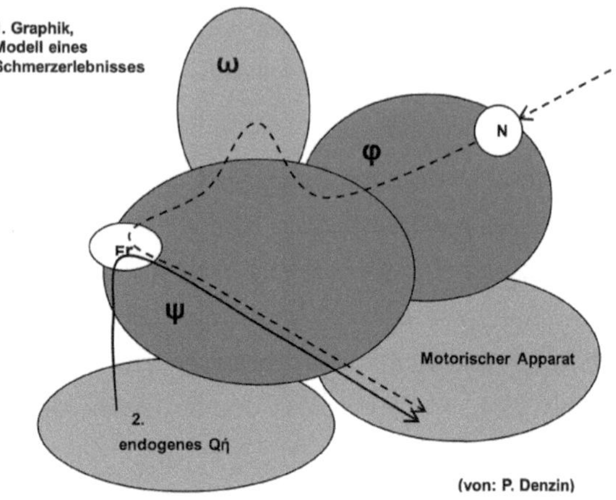

Er- = Erinnerungsbild eines schmerzerregenden Objektes

N = Nervenendschirme

---

[12] Alle von mir erstellten Graphiken (gekennzeichnet durch: von P. Denzin) sollen verstanden werden als ein Versuch zur Visualisierung von zum Teil deutlich komplizierteren Prozessen. Zudem erheben sie nicht den Anspruch, den schriftlich dargelegten Argumentationsstrang zu ersetzen, sondern im besten Fall zu ergänzen. (Die von Freud übernommenen Modelle betrifft diese Einschätzung selbstverständlich nicht.)

4.7. Was sich nachträglich einschreibt

4.7.1. Wunschanziehung und primäre Abwehr

Diese beiden Erlebnisse, das Befriedigungserlebnis und das Schmerzerlebnis, begründen im folgenden psychischen Leben zwei einander antagonistisch zugeordnete Handlungsmotive. Zum einen ist es der Wunschzustand, aus dem heraus geradezu eine Attraktion des Wunschobjektes folgt (Wunschanziehung). Zum anderen ist es der Affekt (Freud scheint im *Entwurf einer Psychologie* damit alle im Kontext des Schmerzes gemachten Erfahrungen zu meinen), welcher zur Folge hat, dass das im Schmerzerlebnis geschaffene Erinnerungsbild möglichst nicht besetzt gehalten wird (primäre Abwehr). Freud nennt dies die primäre Abwehr. Primär, weil die Entstehung des Erinnerungsbildes Folge von primären, also unbeeinflussten, Prozessen ist. Dass ein Erinnerungsbild nicht besetzt gehalten wird, braucht jedoch noch eine weiterführende Erklärung. Als Vergegenständlichung der Situationen kann dienen, wenn man sich vor Augen führt, dass dieser Vorgang, primäre Abwehr oder Verdrängung, auf der Ebene der Objektwelt ja bedeutet, *ein Objekt, das Schmerzen zugefügt hat, vergessen zu wollen.* Wobei gleich angefügt werden muss, dass in diesem Bild eines Anfangs des Psychischen Apparates diffizile Unterscheidungen der Objekte als auch die mit dem Verb *wollen* unterstellte Absichtserklärung nicht weit tragen. Objekte bestehen bestenfalls auf der Ebene der ersten Bahnung, auch wenn diese für sich reklamieren kann, besonders ausgiebig (Freud, 1950c, S. 414) gebahnt worden zu sein. Dementsprechend ist *vergessen* eine Entziehung der Besetzung von Q. Wie jedoch dieses metaphorisch zu verstehende *Wollen*, als ein Vorgang dem Absichtsvollen vorgängig, auf der Ebene der Quantitäten gestaltet ist, erklärt Freud damit, dass das primäre Schmerzerlebnis durch reflektorische Abwehr zu Ende gebracht wurde.

> Das Auftauchen eines anderen Objektes anstelle des feindlichen war das Signal dafür, daß das Schmerzerlebnis beendet sei, und das ψ System versucht, biologisch belehrt, den Zustand in ψ zu reproduzieren, der das Aufhören des Schmerzes bezeichnet. (Freud, 1950c, S.415)

»Das Auftauchen eines anderen Objektes anstelle des feindlichen [...]« (Freud, 1950c, S.415). Was heißt das? Ist dadurch darauf verwiesen, dass dem Säugling, ähnlich der Situation des Befriedigungserlebnisses, in welcher ihm etwas gegeben wird, was zur Befriedigung führt, auch hier etwas als Objekt angeboten wird, welches den Schmerz beendet? Versucht also das System ψ, welches durch die Begegnung mit einem Erinnerungsbild, das die Kette von: 1. Q Ausschüttung durch sekretorische Neuronen zur Folge hat und weiter also mit einem 2. Unlust auslösenden Q Niveau zu tun hat, 3. dieses Niveau zu beenden, indem es sich an ein anderes Objekt erinnert / es besetzt? Freud hat im *Entwurf einer Psychologie* das Einbrechen des Schmerzes von außen thematisiert, er hat mit ihm eine Bahnung zu einem (zum Erinnerungsbild werdenden) Mantelneuron erklärt. Jetzt formuliert er das Ende des Schmerzes, indem er dem Ende das Gesicht eines anderen, eines befriedigenden Erlebnisses gibt? So ließe sich das obige Zitat verstehen. Das System ψ versucht, biologisch belehrt, einen Zustand herzustellen, der mit dem Aufhören des Schmerzes kongruent ist, also mit einem niedrigeren, gegen Null tendierenden Q-Niveau und einem Erinnerungsbild, das dieses verursacht hat. Eine andere Erklärung, die von Freud nicht angeführt wird, aber nicht weit hergeholt scheint, ist die, dass ein befriedigendes Objekt die dem Schmerz eigene Periode verändert hat. Dann sollte also das System ψ versuchen, diese Periode, die gleichfalls mit der Neubesetzung des feindlichen Erinnerungsbildes wieder aufkommt, neu zu erschaffen.[13]

---

[13] Als These lässt sich an dieser Stelle gut einschieben, dass Freud im *Entwurf einer Psychologie* eine erste biologisch-neurologische Erklärung für die Symbolisierungsfähigkeit des Bewusstseins abgibt. Da Freud aber, soweit ich weiß, nach dem *Entwurf einer Psychologie* nie explizit versucht hat, die Fähigkeit des Menschen zur Symbolbildung auf biologisch-neurologische Grundlage zu stellen, soll diese Lesart seines *Entwurfs einer Psychologie* explizit als tendenziöse Interpretation verstanden werden, die außer dem *Entwurf einer Psychologie* keine Referenzen für sich in Anspruch nehmen kann und daher außer beim geneigten Leser keinen Anspruch auf Nachvollziehbarkeit erhebt. Wobei sich an einigen Stellen im *Jenseits des Lustprinzips* diese These begründet wiederholen lässt. Ableitungen dieser Vorstellung finden sich unter anderem noch einmal in der 11. Graphik wiedergegeben.

Mit dem Ausdruck biologisch belehrt haben wir einen neuen Erklärungsgrund eingeführt, der selbstständige Geltung haben soll, wenngleich er eine Zurückführung auf mechanische Prinzipien (quantitative Momente) nicht ausschließt, sondern erfordert. (Freud, 1950c, S.415)

Ich habe versucht, dieses Verständnis in die Graphik folgendermaßen einzutragen:

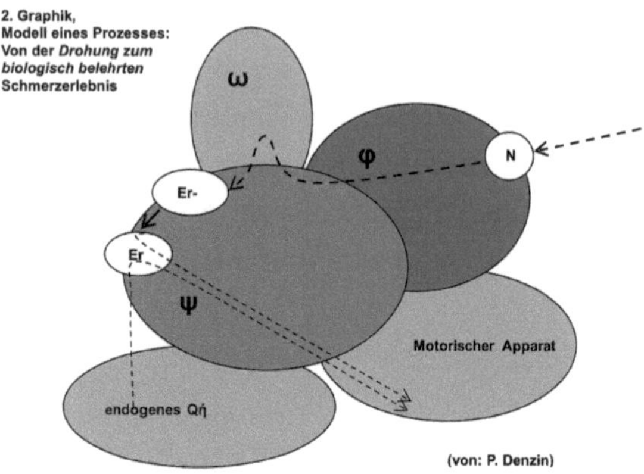

Er- = Erinnerungsbild eines schmerzerregenden Objektes
Er+ = befriedigendes Erinnerungsbild
N = Nervenendschirme
Anmerkung zur Graphik: Die Drohung (Pfeil über N durch φ, ω und ψ zu Er-), deren Erregung durch ein schmerzerregendes Erinnerungsbild verändert wird (bedrohlich fürs Gesamtsystem), wird von einem befriedigenden Erinnerungsbild wieder ins erträgliche gemildert. Die motorische Abfuhr kann gelingen ohne Schaden zu stiften.

Der Begriff *biologisch belehrt*, den Freud hier erstmals einführt, verdient ebenfalls besondere Aufmerksamkeit. Auch das Wort *belehrt* scheint in diese Interpretation des Endes von Schmerz zu passen, bedeutet es doch, dass das

System einen belehrenden Eingriff, durch ein nicht-feindliches (befriedigendes?) Objekt, erfahren hat.

4.7.2. Einführung des Ich

Bis zu dieser Stelle im *Entwurf einer Psychologie* vollziehen sich die wechselnden Besetzungen der Neuronen, die dadurch gezogenen Bahnungen und die sich daraus ergebenden Ausdifferenzierungen der Funktionen der einzelnen Systeme insgesamt nach Gesichtspunkten, die man funktionell oder auch pragmatisch nennen könnte. An keiner Stelle, nicht einmal an jener, wo Freud ein bewusstseinsfähiges System ω etablierte, hätte dieses Gesamtsystem das Regulativ eines Auswählenden, eines Lenkenden, also Störenden bedurft. Auch das System ω ist eher als Übertrag oder Aufwerfung zu verstehen, welche auf Grund des Zusatzes des Periodischen vorgenommen wurde. Es ist demnach wohl fast eine Begleiterscheinung, zu deren Herleitung sich Freud genötigt sah, auf Grund der Tatsache, dass der Menschen sich selbst ein Bewusstsein attestiert. Auf der Ebene der Quantitäten war eine solche (periodische) Begleiterscheinung nicht nötig. Auf die nun folgende Einführung eines Ich, welches als Regulativ eingreift, hat Freud nur einmal vorher hingewiesen, als er im Abschnitt *Die quantitative Auffassung* die *Not des Lebens* als Störer dem Trägheitsprinzips entgegensetzte. Diese *Not des Lebens*, von der schon häufiger die Rede war, erzwingt die Bildung eines Reservoirs von Q im System ψ, es hat also eine Modifizierung des Prinzips zur Entledigung aller Erregung stattgefunden. Hier, und das muss wohl auch als Vorgriff gewertet werden, ist doch das Gesamtsystem schon ein individuell Gestaltetes, also in seiner durch die Umwelt erzwungenen Form einmalig (vgl. Freud, 1950c, S.389-390).

> Es muß sich Vorrat von Qή gefallen lassen, um der Anforderung der spezifischen Aktion zu genügen. In der Art, wie es dies macht, zeigt sich indes die Fortdauer derselben Tendenz modifiziert zum Bestreben, die Qή wenigstens möglichst niedrig zu halten und sich gegen Steigerung zu wehren, d.h. konstant zu halten. (Freud, 1950c, S. 390)

»Die Fortdauer derselben Tendenz modifiziert zum Bestreben, die Qή wenigstens möglichst niedrig zu halten« (Freud, 1950c, S. 390),

erweitert um die Überlegungen des Befriedigungserlebnisses und des Schmerzerlebnisses und der sich aus ihnen ableitbaren primären Wunschanziehung und Abwehr, lassen den Schluss zu, dass sich im System...

> eine Organisation herausbildet, deren Vorhandensein [Quantitäts-] Abläufe stört, die sich zum ersten Mal in bestimmter Weise [d.h. begleitet von Befriedigung oder Schmerz] vollzogen hat. Diese Organisation heißt das Ich und kann leicht dargestellt werden durch die Erwägung, daß die regelmäßige wiederholte Aufnahme endogener Qή in bestimmte Neuronen (des Kernes) und die bahnende Wirkung, die von dort ausgeht, eine Gruppe von Neuronen ergeben wird, die konstant besetzt ist, also dem durch die Sekundäre Funktion erforderten Vorratsträger entspricht. (Freud, 1950c, S. 416)

Auf der Ebene der Neuronen und ihrer die Bewegung von Q steuernden Gesetze greift Freud nun auf ein Grundgesetz zurück, dessen Wirkung als begründend für das Werden des Ich gelten kann.

Noch einmal, um in Erinnerung zu rufen: Freud hat bisher dargelegt, dass der Fluss von Q entsprechend den Bahnungen (weit oder eng in unterschiedlichen Abstufungen) und den Kontaktschranken geleitet wird. Bedeutsam war noch die Größenordnung von Q, die in Abhängigkeit steht zur Quelle, nichtsdestotrotz und unter Absehung des Schmerzes im System ψ auf interzellulärem Niveau anlangt. Nun greift er auf ein in dieser Erörterung schon kurz eingeführtes Grundgesetz zurück, welches als Steuerungselement weiter in den Fluss von Q eingreift. Es ist jenes Grundgesetz der Assoziation durch Gleichzeitigkeit. Jenes System im System ψ, welches besetzt ist durch endogenes Q und dieses Q verschieben kann, tut dies so, dass Erregung durch Seitenbesetzungen, also Besetzungen bestimmter Neuronen, in seinem Fluss gelenkt wird, gelenkt entsprechend einer Begrenzung und Umlenkung der Erregung. Freud nennt dies eine Hemmung des Primärprozesses, welcher sonst in einer bestimmten schon vorgegebenen (vom Schmerz oder der Befriedigung stärker ausgeprägten) Bahnung verlaufen würde (Freud, 1950c, S. 417).

> Nehmen wir an, *a* sei ein feindl[iches] Er[innerungsbild], *b* ein Schlüsselneuron zur Unlust, so würde primär bei Erweckung von *a* Unlust entbunden werden, die vielleicht zwecklos wäre, es jedenfalls ihrem vollen Betrag nach ist.

> Bei Hemmungswirkung von α wird die Unlustentbindung sehr gering ausfallen, dem Nervensystem Entwicklung und Abfuhr von Q ohne sonstigen Schaden ersparen. (Freud, 1950c, S. 417)

Qή a α β b

(Abb. 3, Freud, 1950c, S. 417)

Mit Hilfe dieses Schemas verdeutlicht Freud, was er unter Seitenbesetzung versteht. So ist α ein Q Betrag, welcher, weil er eine Anziehung/ Assoziation bewirkt, den Erregungsverlauf ändert/steuert. Q geht so nicht mit vollem Betrag nach b, sondern ebenfalls nach dem mit α besetzten Neuron. Das Neuron b kann hier als ein Teil der Bahnung gelten, welche sich durch den Einbruch eines Schmerzes gezogen hat.

In der weiteren Erörterung werden zwei Aspekte zur Sprache kommen, auf die jetzt schon hingewiesen werden soll.

Zum einen, und dem gilt es, zuerst Aufmerksamkeit zu schenken, ist die Konstruktion des Mechanismus (Ich) selbst an Nachträglichkeit von Erregung gebunden. Diese Nachträglichkeit lässt sich fassen als eine Nachträglichkeit voneinander beeinflussenden Erregungen mit den zu ihnen gehörenden Bahnungen, Kontaktschranken,

Anziehungen, die die Einschreibung der Objekte zur Folge hat.

Zum anderen findet sich in dieser Nachträglichkeit die Drohung, die, wie Freud später mit der Analyse des Traumatischen ausführt, noch weiter reichende Folgen hat als nur konstitutives Moment für ein Ich zu sein.

4.7.3. Primär- und Sekundärvorgang in ψ

Das Ich ist ein System aus Neuronen im System ψ, welches relativ konstant durch Q aus endogenen Quellen besetzt oder erfüllt gehalten wird. Die Besetzung erscheint notwendig, da diese Besetzungen verschoben werden können, zum Zwecke der Umleitung einbrechender Q, die auftreten bei der Neubesetzung eines feindlichen Objektes. Die Unlust erregende Q(uantität), entstammt hier ebenfalls aus dem Inneren und wird von Freud Q aus sekretorischen Neuronen oder Schlüsselneuronen genannt.

Dies wirft die Frage auf, inwieweit sich diese Q ähnlich sind oder sich sogar gleichen. Und es wirft die Frage auf, auf welchen unterschiedlichen Wegen sie ins System ψ gelangen können. Sind Q in ihrer Ausprägung unterschiedlich oder sogar voneinander grundlegend verschieden, würde sich die Frage erübrigen.

Der zweite Aspekt war offengeblieben. Wie verhält es sich mit der Drohung?

Die Existenz der Drohung hat weit reichende Folgen. Zum einen ist da die *Drohung der Besetzung*, die sich definiert als eine Möglichkeit, aber keine Zwangsläufigkeit zum Schmerz. Daraus folgt, dass es einen Mechanismus geben muss, der dafür sorgt, dass das Ich aufmerksam gemacht wird auf diese Drohung und erinnert, was Schmerz ist. Zum anderen erscheint die Möglichkeit, dass sich die Abfuhrreaktion als letztendlich zwecklos herausstellt, also als Halluzination. Sie kann eben doch nur über eine kurze Zeit hinweghelfen und lässt dann das System ausgelieferter zurück als davor.[14]

> Die Wunschbesetzung wie die Unlustentbindung bei Neubesetzung der betreffenden Er[innerungen] könne biologisch schädlich sein. Die Wunschbesetzung ist es jedesmal, wenn sie ein gewisses Maß überschreitet und so zur Abfuhr verlockt, die Unlustentbindung ist es wenigstens jedesmal, wenn die Besetzung des feindlichen Erinnerungsbildes nicht von der Außenwelt, sondern von ψ selbst aus erfolgt (durch Assoziation). Es handelt sich also auch hier um ein Zeichen, W (Wahrnehmung) von Er[innerung] (Vorstellung) zu unterscheiden. (Freud, 1950c, S. 420)

Beide Probleme lassen sich vereinen unter dem Gesichtspunkt der Realitätszeichen und ihrer Interpretation.

Die Folgen erscheinen deshalb so weit reichend, da Freud mit dieser so skizzierten Realitätszeicheninterpretation die Entwicklungsnot des gesamten Psychischen Apparates eröffnet, der droht, Zeit seines Lebens keine Gewissheit zu erlangen über die Realität und immer wieder mit seinen sich als Organisation des Ich niederschlagenden Interpretationen aus jeder Fehlentscheidung

---

14 Auf das Problem des Verlustes des Objektes, das die Halluzination ausfüllte, soll später noch eingegangen werden.

einen neuen Grundstein legt für weiteres Verkennen. Was hier schon anklingt, ist das Problem des Verlustes von Objekten, bei der das Verkennen nur als spezifische Form gewertet werden kann.

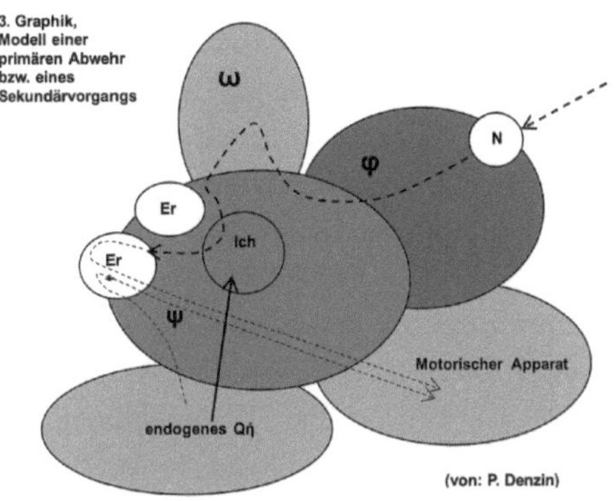

Er- = Erinnerungsbild eines schmerzerregenden Objektes
Er+ = befriedigendes Erinnerungsbild
N = Nervenendschirme

Anmerkung zur Graphik: Das Ich ist in dieser Graphik schon Reservoir für endogenes Qή aus dem Inneren.

Das dargestellte Modell skizziert, wie eine Besetzungsdrohung und die mit ihr verbundene biologische Gefahr durch Hemmung und Auftauchen eines befriedigenden Objektes abgewendet werden kann. Diese Situation bedroht sowohl das System ψ als auch ein Ich, weil eine exzessive Abfuhr und die vom Ich eingesetzte ebenfalls exzessive Abwehr mit biologischen Schäden einhergehen könnte. Freud geht davon aus, dass die einzige Möglichkeit für das Ich bzw. das System ψ darin besteht, dass es bei einem Einwirken von äußeren Objekten auf Qualitäts- oder Realitätszeichen von System ω wartet, um letztendlich eine Entscheidung zwischen Wahrnehmung und Erinnerung treffen zu können.

> Wahrscheinlich sind es nun die ω Neuronen, welche dieses Zeichen, das Realitätszeichen, liefern. Bei jeder äußeren Wahrnehmung entstehe eine Qualitätserregung in ω, die aber zunächst für ψ ohne Bedeutung ist. Es muß noch hinzugefügt werden, daß die ω Erregung zur ω Abfuhr führt und [daß] von dieser wie von jeder Abfuhr eine Nachricht nach ψ gelangt. Die Abfuhrnachricht von ω ist dann das Qualitäts- oder Realitätszeichen für ψ. Wird jedoch das Wunschobjekt so ausgiebig besetzt, daß es halluzinatorisch belebt wird, so erfolgt auch dasselbe Abfuhr- oder Realitätszeichen wie bei äußerer Wahrnehmung. Für diesen Fall versagt das Kriterium. (Freud, 1950c, S. 421)

Diese von Freud im letzten Satz formulierte Eingrenzung der Verlässlichkeit der Abfuhrnachricht ist so gravierend, dass, wäre die Situation für das Ich eine solche, es keine Möglichkeit gäbe, jenes durch Hemmung gewonnene Instrument der Steuerung zu gebrauchen.

> Findet aber die Wunschbesetzung unter Hemmung statt, wie es bei besetztem Ich möglich wird, so ist ein quantitativer Fall denkbar, dass die Wunschbesetzung, als nicht intensiv genug, kein Qualitätszeichen ergibt, während die äußere Wahrnehmung es ergeben würde [...] Der Unterschied ist nämlich, daß das Qualitätszeichen von außen her bei jeder Intensität der Besetzung erfolgt, von ψ her nur bei größter Intensität. Es ist demnach die Ichhemmung, welche ein Kriterium zur Unterscheidung zwischen Wahrnehmung und Erinnerung ermöglicht. (Freud, 1950c, S. 421)

Der Terminus *biologisch belehrt* erlangt hier noch einmal mehr Klarheit. Und auch das strukturelle Eingreifen des Ich erlangt eine realitätsformende Bedeutung. Um endogene Ströme in ihrem Erregen von (Erinnerungs- oder Objektwahrnehmungs-) Bildern so lenken zu können, dass sie mit äußerer Erregung kongruent geformt auf das richtige Mantelneuron treffen, um dann eine realitätsnahe Kommunikation mit einem Außen zu gestalten, ist dem Ich die Hemmung mit einem Abwarten auf Abfuhrnachricht gegeben. Dies erscheint doch als Strukturmodell, welches äußerst diffizil abgestimmt sein muss, um nicht zu verkennen. Tut es dies, wird die Verkennung Grundlage, weil Ich- formend, für weiteres Verkennen.

Freuds weitere Erörterungen des Psychischen Apparates im *Entwurf einer Psychologie* sollen nicht weiter referiert werden.

4.8. Ableitungen aus dem Entwurf einer Psychologie

4.8.1. Das Ich, ein Reservoir der *Not des Lebens*

Freuds *Entwurf einer Psychologie* ist die Beschreibung eines primären Nervensystems, welches als mit Muskeln versehener Reflexapparat verstanden werden kann, der in seinem Energieniveau gen Null (0) strebt. Diese Struktur des Nervensystems wird jedoch von Anfang an durchbrochen von Reizen, *die aus dem Körperelement selbst stammen.* Endogene Reize, die die großen Bedürfnisse Hunger, Atem und Sexualität darstellen. Freud bezeichnet sie als *die Not des Lebens.* Sie drückt aus, dass ein monoton und kontinuierlich fließender Strom von Erregung aus dem Inneren kommend im Nervensystem periodisch zu einem Reiz wird, der primär nach motorischer Abfuhr verlangt. Diese Erregung in einer zum Teil spezifischen Union mit Reizen, welche aus der Außenwelt stammen, strukturieren das Gehirn. Es bilden sich Systeme wie die mit φ, ψ, ω beschriebenen, als auch ein spezifisch aufeinander bezogenes Netz von Neuronen im System ψ, die Freud *Ich* nennt.

Dem System φ, dem Freud die Aufgabe zuspricht, für Reizweiterleitung verantwortlich zu sein, spricht er jede Erinnerungsfunktion ab. Das System ψ ist dem gegenüber für Erinnerung zuständig. Ein diesem System nachgeordnetes System ω ist für eine bewusste Wahrnehmung aller im System ψ anlangenden Reize zuständig. Um die qualitativ unterschiedlichen Funktionsweisen der Systeme begründen zu können, nimmt Freud an, dass durch die Arbeit von Kontaktschranken die Quantität der Reizflüsse von außen von System φ zu ψ und von ψ zu ω hin abnehmen. Dies hat zum einen zur Folge, dass in System ω nur mehr nur Qualität ankommt, welche sich als Periodisches und deshalb Bewusstseinsfähiges äußert und keine Erinnerung hinterlässt. Zum anderen wird so Erinnerung in System ψ begründbar durch anlangende Quantitäten, welche mittels Kontaktschranken neuronale Bahnungen, sprich Verästelungen im Nervensystem, verursachen.

Freud beschreibt *die Not des Lebens*, jene endogene Erregung Qή so, dass sie als Störer eines primären Zustandes (0) vom Nervensystem abgeführt werden muss. Dies ist die Funktionsweise aller primären Prozesse. Das Qή-Niveau soll in ihnen wieder gegen Null (0) gehen. In dieser Funktionsweise des Nervensystems lässt sich unschwer erkennen, was nach der Definition von Laplanche & Pontalis aus ihrem *Vokabular der Psychoanalyse* ebenfalls das Ziel des Todestriebes ist.

> Todestrieb
>
> Bezeichnet im Rahmen der letzten Freudschen Triebtheorie eine fundamentale Kategorie der Triebe, die im Gegensatz zu den Lebenstrieben stehen und nach der vollständigen Aufhebung der Spannung streben. (Laplanche & Pontalis, 1999, S. 494)

Aber zurück zu dem Störer des primären Ziels (0) der Funktionsweise des Nervensystems. *Die Not des Lebens*, sie verändert, entwickelt Strukturen von Neuronen, wird als Q in Reservoirs gehalten. Sie wird eingebunden in Systeme. Die Mangelsituation, für welche dieser endogene Reiz steht, wirft sich auf zu einem Ich. Dies erreicht es aber nur, indem es in spezifischen Kontakt bzw. in Interaktion zur Außenwelt tritt. Durch diese Kontakte entbindet es ein Großteil seiner Erregung, erfährt Lust und kommt jenem Ursprung Null wieder nahe.

Das Befriedigungserlebnis stellt hier die positive paradigmatische Begegnungssituation mit der Umwelt dar, das Schmerzerlebnis die negative oder feindliche.

Beide Erlebnisse verändern die neuronale Struktur im System ψ so, dass zum einen eine Verknüpfung der durch endogene Erregung besetzten Kernneuronen mit einer Gruppe von Mantelneuronen, die als Repräsentanz des Objektes gelten dürfen, entsteht und zum anderen die sich daran anschließende motorische Abfuhr der endogenen Erregung eine Neubesetzung von neuen Mantelneuronen ergibt, die als Repräsentation der motorischen Erregung gelten können. Die Bahnungen, die in diesen Situationen entstehen, können nach Freud als Netz gegeneinander gut gebahnter Neuronenverbindungen gelten, in denen Erregungsbesetzungen der einzelnen Neuronen verschoben werden können. Dieses System im System ψ nennt Freud Ich.

Es zeichnet sich dadurch aus, dass es bei drohender Besetzung eines schmerzerregenden Objektes durch Hemmung verhindert, dass es zu einer dem Schmerzerlebnis analogen Erregungssituation kommt und damit zu einem das Nervensystem biologisch gefährdenden Prozess. Bei Verführung des Systems zur Besetzung eines Befriedigung versprechenden Objektes kann das System wiederum mittels Hemmung von Erregung den Prozess des Erregungsverlaufs so lange verhindern, bis eine verlässliche, also den endogenen Reiz aufhebende Interaktion mit der Umwelt entstanden ist. Das Ich kann also als Einheit aufgefasst werden, dessen Aufgabe darin besteht, *die Not des Lebens* in verlässlichen Bahnen, Bahnungen zu wiederauffindbaren Objekten bzw. Objektrepräsentanzen, von einer sich periodisch ergebenden Stauung zur Befriedigung zu führen und mittels Überprüfung von Drohungen feindlicher Objektneubesetzungen schmerzlich ins Nervensystem eingreifende, äußere Erregungen abzuhalten. Das Ich ist also sowohl eine Prozesssteuerung zur Verlässlichkeit als auch eine zur Überprüfung von Drohungen. Es agiert nach dem Modus der Reduktion von Erregung, die Freud gleich setzt der Lust. Sich aufbauende Erregung setzt er gleich Unlust. Hatten wir das Nervensystem und den Modus seines Funktionierens mit dem Wirken des Todestriebes und seinem Ziel in Übereinstimmung gebracht, dann findet sich hier das Ich als Verlängerung dieser Funktion. Das Ich wäre dann gleichermaßen eine Instanz der Lust wie ein Garant für die Entbindung aller Erregung, letztendlich vielleicht auch jener, die die eigene Struktur zusammenhält. Das Trägheitsprinzip wäre dann eine Vorwegnahme des Nirwana-Prinzips, würde in ihm aufgehen.

> Daß wir als die herrschende Tendenz des Seelenlebens, vielleicht des Nervenlebens überhaupt, das Streben nach Herabsetzung, Konstanterhaltung, Aufhebung der inneren Reizspannung erkannten (das Nirwana-Prinzip nach einem Ausdruck von Barbara Low), wie es im Lustprinzip zum Ausdruck kommt, das ist ja eines unserer stärksten Motive, an der Existenz von Todestrieben zu glauben. (Freud, 1920g, S. 60)

4.8.2. An den Objekten findet *die Not des Lebens* eine Qualität

Wie lassen sich diese Überlegungen zum *Trägheitsprinzip* mit dem Problem von Qualität und Quantität von Q in Übereinstimmung bringen?

Gehen wir vom Ich aus. Das Prinzip, nach dem das *Ich* steuert,- Freud hat es mit dem Grundgesetz der Assoziation durch Gleichzeitigkeit eingeführt -, ist das der Hemmung. Hemmung braucht, will sie eine funktionierende Steuerungsform sein, ein Strömen der Erregung, also eine Bewegung, die sie nicht selbst kreieren muss. Das gesamte Nervensystem, nimmt Freud an, ist dieser strömenden Erregung ausgeliefert (vgl. Freud, 1915, S. 214). Die aus der Außenwelt stammende hat er, vor das Problem der Bewusstseinsfähigkeit gestellt, in Quantität und Qualität, diese in Form von Schwingung oder Periode aufgeteilt. Es lässt sich aber in Bezug auf die Erregung aus dem Inneren fragen, wie sie beschaffen ist.

> Was wir von den endogenen Reizen wissen, läßt sich in der Annahme ausdrücken, daß sie interzellulärer Natur sind, kontinuierlich entstehen und nur periodisch zu psychischen Reizen werden. (Freud, 1950c, S. 408)

Weder an dieser noch an anderer Stelle beschäftigt sich Freud mit der Problematik der Bewusstseinsfähigkeit endogener Reize. Es ist anzunehmen, dass mit dem Weg über die Objekte und die Abfuhrnachricht dem System ω eine bewusstseinsfähige Schwingung oder Periode per Induktionsvorgang eingegeben werden könnte.

Freud behandelt dieses Thema im *Entwurf einer Psychologie* nicht direkt. In den nicht mehr diskutierten Teilen des *Entwurfes einer Psychologie* spielen noch das Erkennen und reproduzierende Denken sowie Erinnerung, Urteilen, Denken, Realität, Traumbewusstsein und die Psychopathologien eine Rolle. In alle genannten Aspekte findet jenes besetztgehaltene, gegeneinander gut gebahnte System aus Neuronen, die das Ich darstellen, Eingang. In der Behandlung dieser Aspekte des psychischen Apparates braucht es auch keine Diskussion dieser Seite der endogenen Erregung, ist sie hier doch schon in allen Fällen ins Qualitative veränderte Erregung durch die Begegnung mit den Objekten. Freud braucht hier kein Dualistisches am endogenen Reiz[15]. Auch das Periodische ist an dieser Stelle keine Periode, die Bewusstseinsqualität beinhaltet, sondern die auf Summation verweist, welche die Quantität braucht, um Kontaktschranken zu überwinden.

Es scheint aber dem Dualistischen am endogenen Reiz nichts entgegenzustehen, wird von Freud doch keine Unterscheidung gemacht im Gebrauch der Zeichen für endogene noch für von außen stammender Erregung. Für beide steht Q/Qή.

Wie würde sie sich jedoch beschreiben lassen? Und was würde sich aus ihr, einer eindeutig dualistischen Erregung aus dem Inneren, ableiten lassen?

---

[15] Wie wir es später in der Zweiteilung der Triebe finden.

Freud beschreibt die Quantität der endogenen Reize als von interzellulärer Natur und kontinuierlich entstehend. Eine Qualität wäre dann wohl analog zur Schwingung auf interzellulärem Energieniveau und im Ausprägungsgrad gleichförmig oder monoton.

Als solcher wäre die Qualität der Eigenschwingung der des Systems ψ ähnlich. Freud beschreibt sie mit ähnlichen Worten, und damit ist sie nicht bewusstseinsfähig.

> Auch die ψ Neuronen haben natürlich ihre Periode, allein, diese ist qualitätslos, besser gesagt: monoton. Abweichungen von dieser psychischen Eigenperiode kommen als Qualitäten zum Bewußtsein. (Freud, 1950c, S. 402-403)

Nur Abweichungen »kommen als Qualität zu Bewusstsein« (Freud, 1950c, S. 403).

Mögliche Aussagen über die Qualität der endogenen Reize lassen sich also nur über ihre Begegnung mit einem Außen ableiten und daraus, dass, wie Freud feststellt, Steigerung von Quantität zu Unlust führt. Die Begegnung mit einem Außen, so Freud, wird dann zu einem befriedigenden Erlebnis, wenn es einem Objekt gelingt, Reizaufhebung zu verursachen. Das Bild der kommunizierenden Gefäße, von Freud im Kontext des Lust- Unlustverhältnisses der Systeme ψ und ω zueinander gebraucht, findet hier eine weitere Entsprechung. Verlängert sich der Mangel bzw. vergrößert sich *die Not des Lebens*, dann steigt im Nervensystem die Erregung. Im Nervensystem verhält es sich kongruent, nur mit vertauschten Vorzeichen. Ein Mehr an Erregung, also an

Quantität, bedeutet Unlust. Ein Sinken oder ein Mangel von Quantität bedeutet Lust (vgl. Kapitel 2.5.).

> Lust und Unlust wären die Empfindungen der eigenen Besetzung, des eigenen Niveaus in ω, wobei ω und ψ gewissermaßen kommunizierende Gefäße darstellen. (Freud, 1950c, S. 404)

Im Befriedigungserlebnis hat Freud angenommen, dass die Befriedigung sich in das System ψ einschreibt durch die Begegnung mit einem Objekt. Die Befriedigung wird wahrgenommen durch ein Sinken der eigenen Besetzung und verknüpft mit der Quantität und Periode des einwirkenden Objektes. Hier wird in weiterer Ausdifferenzierung des Psychischen Apparates, aus einer Neubesetzung des befriedigenden Objektes, die Halluzination und jenes kurze Verweilen im Streben nach angekündigter Lust. Wie kann es zu einer Besetzung mit Erregung aus endogenen Quellen kommen, die ein solches lustvolles Halluzinieren hervorbringt? Es ist der Vorgang der Hemmung, die Entfaltung des Ichförmigen als neuronales System, welches über den Weg der Besetzung des Bewegungsbildes ein Lustvolles wird, sich zurück- und hineinverlängert in den Körper und seine Quelle. Ist dem so, dann kann dies nur gehen über eine qualitative Veränderung des kontinuierlich entstehenden Reizes. Das heißt, dass sich die Periode des Endogenen ohne Veränderung des Quantitativen in ein Lustverheißendes, vielleicht schon Seiendes, verändert. Die Periode fängt in Erwartung der Objekte anders an zu schwingen. Das würde bedeuten, dass sich im *Entwurf einer Psychologie* das Lustvolle am Objekt als solches zu erkennen gibt.

Dann wäre das Schreien eines Säuglings, welches nicht genügt als Befriedigung, aber doch die Begegnung mit einer Bahnung ins Motorische ist, die Begegnung mit der *Not des Lebens*, mit dem Ausdruck des unhintergehbaren Mangels, der sich qualitativ/periodisch äußert. Am schmerzerregenden Objekt würde aus dem Schreien eine Nicht-befriedigende Umwelt, die sich wiederum zurück verlängert, bewusstseinsfähig, als Periode in den Ursprung *der Not des Lebens*.

Will man nicht den Objekten unterstellen, den Trieb, hier noch die endogene Erregung, in seiner Form vollends zu gestalten, dann muss man entgegen der bisherigen Erörterung annehmen, dass sich am Objekt nur differenziert, was nicht bewusstseinsfähig, aber vorher doch von unterschiedlicher Qualität war. Damit wäre es sinnvoll anzunehmen, dass sich am nicht befriedigenden Objekt die Lebenstriebe entfalten und am schmerzerregenden Objekt sich der Todestrieb entfaltet.

4.8.3. Begründung zur Annahme einer Vorkonzeption des Todestriebs

Dass *Trägheitsprinzip* und Qualitätsformen der Erregung einander nicht verhindern, sondern ergänzen, kann wohl getrost angenommen werden. Das Trägheitsprinzip berührt doch vornehmlich jenen Aspekt der Erregung, der sich mit Bahnungen, Systemen und der Ausbildung des Ich beschäftigt, das heißt mit der Entwicklung des

Seelischen Apparates, wie Freud ihn in dem *Entwurf einer Psychologie* darstellt, nicht aber mit den Begegnungen mit der Objektwelt, an denen sich die Qualitäten entfalten. Es sieht vielmehr so aus, als würde Freud mit dem *Trägheitsprinzip* jenem Wirken der Triebe eine letztendliche Qualität verleihen, eine Rückführung ins Leblose, welches wir noch am Todestrieb definieren wollen.

5. Begründung der Auslassung von Freuds *Traumdeutung*

Der *Traumdeutung* kommt im Werk Sigmund Freuds keine geringere Bedeutung zu, als die Schrift der Grundlegung der Psychoanalyse zu sein. Es verwundert deshalb sicherlich, dass auf sie an dieser Stelle nicht eingegangen werden soll, zumal sich hier die Diskussion der Schriften an ihrem Erscheinungs- und Entstehungsdatum orientiert, um auf die die Triebe betreffenden strukturellen als auch inhaltlichen Zusammenhänge aufmerksam zu machen. Als Begründung soll eine vielleicht fragwürdige Behauptung dienen, nämlich die, dass *die Traumdeutung* eine Schrift Freuds ist, die sich vornehmlich mit einem Phänomen des Psychischen, dem Traum, beschäftigt, dessen Analyse vor allem zum Verständnis der individuellen psychischen Strukturiertheit beiträgt, welcher aber selbst wenig zur Genese des Psychischen Apparates und dem, was ihn strukturiert, Hilfestellung leistet. Das soll nicht heißen, dass der Psychische Apparat nicht in der *Traumdeutung* vorkommt, sondern nur, dass seiner Entwicklung und dem Trieb, der diesen mitentwickelt, in der *Traumdeutung* von Freud relativ wenig Beachtung geschenkt wird. Freuds grundlegende oder vielleicht sogar definierende Überlegungen zur Arbeitsweise des Psychischen Apparates in der Traumdeutung, die Rückschlüsse zur Genese des Psychischen Apparates zulassen und deshalb auch Schlüsse über die Triebe erlauben, sollen im Kapitel, welches sich mit dem *Jenseits des Lustprinzips* beschäftigt, behandelt werden.

6. Die *Drei Abhandlungen zur Sexualtheorie*

6.1. Allgemeine Einleitung

Die Schrift *Drei Abhandlungen zur Sexualtheorie* begründet ihren Platz in dieser Arbeit vornehmlich damit, dass sie als die erste Schrift gelten kann, in der Freud den Anspruch der Sexualität, und damit im weitesten Sinne den der Lust darlegt, indem er das Werden des Psychischen als ein Sein im Lustprinzip analysiert.

Im Vorwort zur dritten Auflage entwirft er dieses Verhältnis des Werdens zum Sein auf der Ebene der ontogenetischen Entwicklung und stellt dar, wie diese zur Disposition des Phylogenetischen steht.

> Überall wird ein gewisser Instanzenzug eingehalten, werden die akzidentiellen Momente vorangestellt, die dispositionellen im Hintergrund gelassen und wird die ontogenetische Entwicklung vor der phylogenetischen berücksichtigt. Das Akzidentelle spielt nämlich die Hauptrolle in der Analyse, es wird durch sie fast restlos bewältigt; das Dispositionelle kommt erst hinter ihm zum Vorschein, als etwas, was durch das Erleben geweckt wird, dessen Würdigung aber weit über das Arbeitsgebiet der Psychoanalyse hinausführt. (Freud, 1905dd, S. 29)

Das Dispositionelle wird geweckt und scheint doch auch durch das Akzidentielle hindurch, wenn Freud weiter in seinem Vorwort schreibt:

> Die Ontogenese kann als eine Wiederholung der Phylogenese angesehen werden, soweit diese nicht durch ein rezenteres Erleben abgeändert wird. (Freud, 1905dd, S.29)

Am Ende seines vierten Vorwortes bekräftigt Freud diese Anschauung noch einmal, entwirft sie jedoch gleichzeitig vor einem anderen Bezugshorizont.

> Was aber die »Ausdehnung« des Begriffs der Sexualität betrifft, die durch die Analyse von Kindern und von sogenannten Perversen notwendig wird, so mögen alle, die von ihrem höheren Standpunkt verächtlich auf die Psychoanalyse herabschauen, sich erinnern lassen, wie nahe der erweiterten Sexualität der Psychoanalyse mit dem Eros des göttlichen Plato zusammentrifft. (Freud, 1905dd, S. 32)

Neben jenes, welches erweckt wird aus der Phylogenese, hier durch die Begriffe auf die biologische Entwicklung der Art verwiesen, gesellt sich nun der *Eros des Plato*, der sich aufschwingt zur *Liebe zum Schönen* über den Weg der psychosexuellen Entwicklung. Biologische Wurzel und geradezu metaphysischer Horizont vereinen sich auf einer Entwicklungsgeraden, auf der sich das Sexuelle bewegt. Freud führt für dieses Sexuelle dann auch gleich im ersten Kapitel einen neuen Begriff ein, die *Libido*.

6.2. Die Libido

Eine erste Definition der Libido:

> Die Tatsache geschlechtlicher Bedürfnisse bei Mensch und Tier drückt man in der Biologie durch die Annahme eines »Geschlechtstriebes« aus. Man folgt dabei der Analogie mit dem Trieb nach Nahrungsaufnahme, dem Hunger. Eine dem Wort »Hunger« entsprechende Bezeichnung fehlt der Volkssprache; die Wissenschaft gebraucht als solche »Libido«. (Freud, 1905dd, S. 33)

Es ist eine kurze und knappe Einführung des Triebes, dessen Schicksal es ist, mit dem Eros Freuds zusammenzufallen, der alle lebende Substanz zu größeren Einheiten zusammenfasst. Wobei die Herleitung für die Fragestellung dieser Arbeit doch bedeutsam ist. Freud wählte die Analogie zum Hunger, der, wird er nicht gestillt, den Hungernden auszehrt, ihn dem Mangel ausliefert, der ihn sich selbst auflösen lässt. Diese metaphorische Darstellung, der man Überformung unterstellen könnte, übertreibt nichts, vergegenwärtig man sich nur die Auswirkungen des Prozesses, der mit dem Verhungern einhergeht. Findet aber der Hunger zu einem Ende durch die Einverleibung eines geeigneten Objektes, dann verschmilzt er geradezu mit dem Verlöschen desselben. Der Mangel ist also behoben, aber dem Objekt, dessen er sich bemächtigt hat, fehlt etwas, oder, um es auf die Spitze zu treiben, es existiert nicht mehr.

Es scheint, allein diese einführende Analogie, die des Hungers, begrenzt schon die Liebe zum Schönen, welche

Freud mit der erklärten Nähe zum *Eros des Plato* im Libidinösen zu entfalten sucht.

Es sei deshalb schon hier festgehalten, dass sich das Libidinöse in den *Drei Abhandlungen zur Sexualtheorie* mit dem Mangel als Hunger und dem Verschmelzen mit dem Objekt einerseits herumschlagen muss, während es andererseits in der Lage sein soll, sich aufzuschwingen zu einer *Liebe zum Schönen,* welche hier am anderen gelingt oder ihn verfehlt.[16]

6.3. Mutmaßungen zur Reihenfolge der *Drei Abhandlungen zur Sexualtheorie*

Die *Drei Abhandlungen zur Sexualtheorie* sind ungewöhnlich sortiert. Würde Freud eine chronologische Entwicklungsgeschichte des Libidinösen nachzeichnen wollen, die Reihenfolge müsste sein: *Die infantile Sexualität,* gefolgt von *Die Umgestaltungen der Pubertät* und *Die sexuellen Abirrungen.* Den Anfang macht Freud jedoch mit dem Kapitel *Die sexuellen Abirrungen*, erst dann folgen die anderen, wobei die *Umgestaltungen der Pubertät* das letzte Kapitel ist. Als Begründung scheinen vor allem zwei Kontexte bedeutsam. *Die sexuellen Abirrungen* scheinen für den wohl vornehmlich erwachsenen Leser, also den Leser mit tendenziell gefestigten Objektbezügen seines Sexualtriebes, am wenigsten verunsi-

[16] Es sei in diesem Kontext auf den platonischen »Kugelmenschen« verwiesen, der sich, seiner anderen Hälfte beraubt, im anderen/Fremden sucht.

chernd. *Die sexuellen Abirrungen*, so scheint es, sind die Abirrungen der anderen, auch wenn Freud das Neurotische und das Perverse als Pole, zwischen denen sich das Normale bewegt, mit hoher, fast normal zu nennender Anziehungskraft ausstattet. Freud entwirft sozusagen das Ergebnis dessen, was er mit den anderen Kapiteln nachträglich einholen will. Vielleicht kann man sagen, verführt Freud den Leser zu einem Ergebnis, welches er nicht akzeptieren würde, würde er den Weg dorthin kennen. Freud lässt die Genese des Sexuellen hinter die Aufklärung über das Sexuelle zurücktreten. Der zweite Grund für die Reihenfolge scheint auf einen Aspekt der Metatheorie hinauszulaufen. Das Bedeutsamste am Sexualtrieb entwirft er gleich zu Anfang. Es ist die Variabilität des Sexuellen in Bezug zu Objekt und Ziel, welche in *den sexuellen Abirrungen* am anschaulichsten beschrieben wird und so an Bedeutsamkeit gegenüber den anderen zwei Aspekten des Triebes gewinnt. Freud scheint seine Triebtheorie hierarchisieren zu wollen. Hinter dem Objekt und dem Ziel in den *Drei Abhandlungen zur Sexualität* sollen Drang und Quelle zurückstehen. Hierfür würde sich als weiterer begründender Hinweis noch anführen lassen, dass Freud seinen *Entwurf einer Psychologie* der Quelle und dem Drang als Endogenes und Quantität bzw. Qualität widmete. Wohin es ihn brachte, muss ihm wohl als zu spekulativ vorgekommen sein, als dass er sich aus der Perspektive noch einmal an eine Grundlegung der Psychologie gewagt hätte. Plausibel erschiene aus diesem Blickwinkel auch die Tatsache, dass er seinen *Entwurf einer Psychologie* nie veröffentlichte.

6.4. Die sexuellen Abirrungen

6.4.1. Zur Struktur der sexuellen Abirrungen

In der ersten der *Drei Abhandlungen zur Sexualtheorie* analysiert Freud die Libido nach der Wahl ihrer Sexualobjekte und nach Wahl ihres Sexualziels. Mit diesen Begriffen fasst Freud zum einen die Handlung, nach der die Libido bzw. der Trieb drängt, zum anderen das Objekt, welches der Trieb auswählt, um die Handlung ausführen zu können. Indem Freud mit Hilfe dieser Differenzierung vor allem die Abweichungen in Bezug zur Norm[17] analysiert, diese Abweichung dann jedoch, gleichberechtigt und großteils vom Stigma des Pathologischen befreit, neben die Norm stellt, entfaltet er ein Kontinuum von fast gleichberechtigten Möglichkeiten des Ausdrucks der Libido in Handlung und Objekt. Die kleinen Einschränkungen *fast* und *Großteils* können gewertet werden als Verweis auf Freuds veränderten Kategorisierungsbezug, welcher das Pathologische vor allem ausmacht als Ausschließlichkeit der Handlung und Fixierung am Objekt (Vgl. Freud, 1905dd, S. 61).

---

[17] Es wurde schon oft darauf hingewiesen, dass sich Freud an der Norm seiner Zeit orientierte und diese sicherlich maßgeblich verändern half.

Im Folgenden soll diese Analysestruktur noch genauer gelesen werden.

6.4.2. Abweichungen in Bezug auf das Sexualobjekt

a) Die Inversion

Freud macht drei Formen der Inversion (Homosexualität) aus.

- Invertierte, deren Sexualobjekt ausschließlich gleichgeschlechtlich ist. Diese Form nennt er die *Absolute* (Vgl. Freud, 1905dd, S. 34).
- Invertierte, deren Sexualobjekt das eigene sowohl als auch das gegengeschlechtliche Objekt sein kann. Diese Form nennt er *amphigen invertiert* (Vgl. Freud, 1905dd, S. 35).
- Invertierte, die das eigene Geschlecht nur unter bestimmten Bedingungen als Sexualobjekt auswählen. Diese Form nennt er *okkasionell* (Vgl. Freud, 1905dd, S. 35).

Diese Klassen der Invertierten analysiert Freud im Folgenden vor allem in Hinblick auf Wandelbarkeit des Objektes der Libido. Im Kontext der Fragestellung dieser Arbeit interessiert hier jedoch nur die Schlussfolgerung, die Freud aus dieser Analyse zieht und die vor allem beinhaltet, dass es kein einheitliches Sexualziel bei der Inversion gibt (Freud, 1905dd, S. 45).

> Wir werden so angewiesen, die Verknüpfung zwischen Trieb und Objekt in unseren Gedanken zu lockern. Der

> Geschlechtstrieb ist wahrscheinlich zunächst unabhängig von seinem Objekt und verdankt wohl auch nicht den Reizen desselben seine Entstehung. (Freud, 1905dd, S. 47)

Es lässt sich auch hier noch ein Stück weiter gehen in Bezug auf eine Differenzierung des Triebes. Freud bezeichnet ihn hier zunächst als unabhängig vom Objekt, scheint ihm also eine objektlose Eigenmächtigkeit zuzusprechen, und fügt dann jedoch gleich an, dass seine Entstehung doch an den Reiz des Objektes geknüpft ist. Folglich muss also unterschieden werden zwischen Reiz des Objektes und anderem am oder im Objekt. Folgen wir weiter Freud.

b) Geschlechtsunreife und Tiere als Sexualobjekte

Der Vollständigkeit wegen sei hier nur darauf hingewiesen, dass Freud die Wandlungsfähigkeit des Sexualobjektes auch in Bezug auf die Wahl von Geschlechtsunreifen, also Kindern und Tieren, diskutiert.

> Als allgemeinstes Ergebnis dieser Erörterung würden wir aber die Einsicht herausgreifen, daß unter einer großen Anzahl von Bedingungen und bei überraschend vielen Individuen die Art und der Wert des Sexualobjektes in den Hintergrund treten. (Freud, 1905dd, S. 48)

Dieses Zitat veranschaulicht wohl recht deutlich, dass Freud aus der Mannigfaltigkeit des Objektes, dessen sich die Libido bemächtigen kann, vor allem ableitet, dass das Objekt zu vernachlässigen ist. In einer Fußnote, die das Wesentliche des Sexualtriebes betrifft, vergleicht er den heutigen (ca. 1905dd) Umgang mit dem Liebesleben mit dem der Antike.

> Der eingreifendste Unterschied zwischen dem Liebesleben der Alten Welt und dem unsrigen liegt wohl darin, daß die Antike den Akzent auf den Trieb selbst, wir aber auf dessen Objekt verlegen. (Freud, 1905dd, S. 48)

Mit diesem historischen Vergleich, aber auch mit der Erkenntnis der Variabilität des Objektes für den Sexualtrieb, eröffnet Freud einen Raum zwischen der Kraft aus dem Körperlichen (dem Trieb) und der Außenwelt (den Objekten), der sich auszeichnet durch Einflüsse, die das Zueinanderfinden beider, Objekt und Trieb, individuell gestalten und nicht als primär der Art bzw. der Phylogenese unterworfen.

6.4.3. Abweichungen in Bezug auf das Sexualziel

> Als normales Sexualziel gilt die Vereinigung der Genitalien in dem als Begattung bezeichneten Akte, der zur Lösung der sexuellen Spannung und zum zeitweiligen Erlöschen des Sexualtriebes führt (Befriedigung analog der Sättigung beim Hunger). (Freud, 1905dd, S. 48-49)

Aus diesem Zitat geht hervor, dass der Akt der Vereinigung die Handlung, also das Sexualziel ist. Analog zum Kapitel *Abweichungen in Bezug auf das Sexualobjekt* analysiert Freud in diesem Kapitel, wie variabel die Handlung ist, die Lustsättigung herbeiführen kann. Freud kennzeichnet diese Abirrungen als Perversionen. Bei ihnen unterscheidet er in:

a) Anatomische Überschreitungen der für die geschlechtliche Vereinigung bestimmten Körpergebiete

Mit dieser Überschrift leitet Freud quasi über von der Analyse der Körperregionen zu deren Verwendung bei sexuellen Handlungen und vor allem den bei diesen Handlungen erwarteten und erlebten Gefühlen. Als bedeutsames Moment definiert Freud die Sexualüberschätzung. Mit ihr bezeichnet er die Überhöhung des Sexualobjektes, die dazu führt, dass mit diesem Objekt keine geschlechtliche Vereinigung mehr stattfinden darf (vgl. Freud, 1905d, S. 50).

Ein anderes bedeutsames Moment ist für Freud die als Perversion bezeichnete Wahl von Körperregionen als Sexualobjekten, wie der Mund, der After, als auch andere anatomisch dafür nicht prädestinierte Körperregionen, die, werden sie in die Handlung mit einbezogen, Ekel auslösen.

Neben diesen Körperregionen können auch Gegenstände, die in Verbindung mit Sexualobjekten stehen, Träger dieser Sexualüberschätzung, also dieses Über-die-Maßen-Begehren-Erweckens, werden. Dies fasst Freud zusammen unter dem Begriff Fetischismus.

b) Verweilungen bei den intermediären Relationen zum Sexualobjekt oder Fixierungen von vorläufigen Sexualzielen

> Alle äußeren und inneren Bedingungen, welche das Erreichen des normalen Sexualzieles erschweren oder in die Ferne rücken (Impotenz, Kostbarkeit des Sexualobjektes,

> Gefahren des Sexualaktes), unterstützen wie begreiflich die Neigung, bei den vorbereitenden Akten zu verweilen und neue Sexualziele aus ihnen zu gestalten, die an die Stelle des normalen treten können. (Freud, 1905dd, S. 55)

Die Handlung als Sexualziel tritt in diesem Zitat vielleicht am deutlichsten als fragiles Bestreben auf einem Weg ohne letztendliches, ausschließliches oder sogar vollendetes Handlungsziel hervor. Es sei denn, man nimmt das von Freud als normales Sexualziel bezeichnete Ziel als ein solches. Diese wäre dann jedoch wohl schon ein Kostbares und damit ein Gefährdetes. Die Vielfältigkeit der Gefahren auf dem Weg zum normalen Sexualziel scheint also unumgänglich. Es verwundert deshalb nicht, wenn Freud diesen wohl ebenfalls als normal zu definierenden Handlungen nur dann eine Pathologie unterstellt, wenn sie, wie eingangs schon bemerkt, zur Ausschließlichkeit neigen, Ekel überwinden und das normale Sexualziel, anstatt es vorzubereiten, verdrängen (vgl. Freud, 1905d, S. 56).

6.4.3.1. Sadismus und Masochismus als Ausdruck des Sexualtriebes

Das Gegensatzpaar Sadismus/Masochismus, dessen Begrifflichkeit auf v. Krafft-Ebing zurückgeht, führt Freud in Abgrenzung zu dem Begriff Algolagnie ein. Algolagnie erfasst nach Freud vornehmlich die Lust am Schmerz; Sadismus und Masochismus beziehen sich mehr auf die Lust an jeder Art von Demütigung. Die Begriffe verweisen jedoch noch insofern aufeinander, als dass die aktive Ausprägung der Algolagnie dem Sadismus, die passive Ausprägung dem Masochismus entspricht. So lässt sich festhalten, dass Sadismus eine Facette, aktive Algolagnie eine andere Facette eines Phänomens beschreibt. Eine Erklärung der Ursache des Sadismus leitet Freud aus der Phylogenese ab, wenn er schreibt:

> Die Sexualität der meisten Männer zeigt eine Beimengung von Aggression, von Neigung zur Überwältigung, deren biologische Bedeutung in der Notwendigkeit liegen dürfte, den Widerstand des Sexualobjektes noch anders als durch die Akte der Werbung zu überwinden. Der Sadismus entspräche dann einer selbstständig gewordenen, übertriebenen, durch Verschiebung an die Hauptstelle gerückten aggressiven Komponente des Sexualtriebes. (Freud, 1905d, S. 57)

Die *aggressive Komponente,* von der Freud in diesem Zitat schreibt, ist eine Verhaltensweise, die dem Überleben der Art geschuldeten ist. Sie schleicht sich als Erbe ins Verhalten des Individuums ein.

> In ähnlicher Weise umfaßt die Bezeichnung Masochismus alle passiven Einstellungen zum Sexualleben und Sexualobjekt, als deren äußerste die Bindung der Befriedigung an das Erleiden von physischem oder seelischem Schmerz von seitens des Sexualobjektes erscheint. (Freud, 1905d, S. 57)

Als gemeinsame Komponente beider Zitate kann gelten, dass sie auf unterschiedliche Weise ein Verhaltenskontinuum vom Normalen zum Pathologischen eröffnen. Erscheint der Sadismus auf der phylogenetischen Ebene als eine Verhaltenskomponente, die das Überleben der

Art erzwingt, wird aus ihm im individuellen Verhalten ein Überbleibsel desselben, gleichsam ein normaler Restbestandteil des sexuellen Verhaltens, mindestens des Mannes. Der Begriff Masochismus umfasst in *ähnlicher Weise* ein normales passives oder masochistisches Verhalten dem Sexualobjekt gegenüber. Es erscheint als eine Komponente des Verhaltens, welche entsprechend ihrem Ausprägungsgrad unter Umständen einhergeht mit Schmerz. Es wurde damit jedoch noch nicht beantwortet, ab welchem Grad des Verhaltens das Erleben des daraus resultierenden Schmerzes als Lust empfunden wird. Als vorläufige Antwort kann sicherlich gelten, dass dies individuell verschieden ist.

Als verschieden gestaltet Freud hier nur die Entstehung des Masochismus, indem er dieses Verhalten bezeichnet *»als eine Fortsetzung des Sadismus in Wendung gegen die eigene Person, welche dabei zunächst die Stelle des Sexualobjektes vertritt«* (Freud, 1905d, S. 57-58).

> Sadismus und Masochismus nehmen unter den Perversionen eine besondere Stellung ein, da der ihnen zugrunde liegende Gegensatz von Aktivität und Passivität zu den allgemeinen Charakteren des Sexuallebens gehört. (Freud, 1905d, S. 58)

Es bleibt die Frage, wie die Lust im Sexualleben gleichermaßen einhergehen kann mit Aktiv und Passiv, wenn doch das Lustprinzip ausschließlich die Erregungsreduktion als Lust gelten lässt. Für diese Frage lässt sich die Einordnung des Sadismus als Verhaltensform, die als Ziel die sexuelle Sättigung hat, auch für den Masochismus heranziehen, da Sättigungsobjekt bzw. Sexualobjekt, wie oben zitiert, nur eine Umwandlung erfahren und der Lusterlebende passiv verschmolzen ist mit dem Schmerzverursachenden.

In diesem Zusammenhang sieht Freud denn auch seinen vorläufigen Erkenntnisgewinn.

> Vielleicht gerade bei den abscheulichsten Perversionen muß man die ausgiebigste psychische Beteiligung zur Umwandlung des Sexualtriebes anerkennen. Es ist ein Stück seelischer Arbeit geleistet, der man trotz seines greulichen Erfolgs den Wert einer Idealisierung des Triebes nicht absprechen kann. (Freud, 1905dd, S. 61)

6.4.4. Zwei Ergebnisse des Studiums der Perversionen

> Bei dem Studium der Perversionen hat sich uns die Einsicht ergeben, daß der Sexualtrieb gegen gewisse seelische Mächte als Widerstände anzukämpfen hat, unter denen Scham und Ekel am deutlichsten hervorgetreten sind. Es ist die Vermutung gestattet, daß diese Mächte daran beteiligt sind, den Trieb innerhalb der als normal geltenden Schranken zu bannen, und wenn sie sich im Individuum früher entwickelt haben, ehe der Sexualtrieb seine volle Stärke erlangt, so waren sie es wohl, die ihm die Richtung seiner Entwicklung angewiesen haben. (Freud, 1905d, S. 61)

In einer dieses Zitat betreffenden Fußnote stellt Freud die Vermutung an, dass die Hemmung des Sexualtriebes, also die Beeinflussung der sexuellen Entwicklung durch Ekel, Scham und Moralität möglicherweise Niederschläge der äußeren Hemmung des Sexualtriebes in der phylogenetischen Entwicklung des Menschen darstellen. Dementsprechend findet sich das von Freud entworfene Normale im Sexualleben, der heterosexuelle Geschlechtsverkehr, als Objekt zusammengefügt aus Vorgängen, die eine Geschichte von Abirrungen des Sexualtriebes an Objekten und Handlungen erzählen können. In der Perversion zeigt sich nach Freud der Sexualtrieb von diesen Komponenten abgelöst.

6.4.5. Der Sexualtrieb bei Neurotikern

Als grundsätzliche Unterscheidung zwischen Perversen und Neurotikern verweist Freud darauf, dass Neurotiker den Normalen näherstehen als Perverse. Dennoch gilt ebenfalls für die Neurotiker, dass ihre Krankheitssymptome maßgeblich oder sogar ausschließlich von der Energie des Sexualtriebes gespeist werden (vgl. Freud, 1905d, S. 62). Freud geht sogar weiter, indem er sagt, dass *die Symptome einen Ersatz für Strebungen darstellen, die ihre Kraft der Quelle des Sexualtriebes entnähmen* (vgl. Freud, 1905d, S. 63). Normalität büßen Neurotiker demnach deshalb ein, weil sie ein Stück Sexualverdrängung mehr leisten (vgl. Freud, 1905d, S. 64).

> Der Sexualtrieb der Psychoneurotiker läßt alle Abirrungen erkennen, die wir als Variation des normalen und als Äußerung des krankhaften Sexuallebens studiert haben. a) Bei allen Psychoneurotikern (ohne Ausnahme) finden sich im unbewußten Seelenleben Regungen von Inversion, Fixierung von Libido auf Personen des gleichen Geschlechts. (Freud, 1905d, S. 65)

Der zweite Teil des Zitates ist eine Ausführung der allgemeinen Aussage des ersten Teils, im Sinne einer Präzisierung des Symptombildes aller Psychoneurotiker. Auf b) und c) sei hier weitgehend verzichtet, da sie keine weitere Erkenntnis über Triebhintergründe bei Neurotikern liefern. Es sei nur angemerkt, dass Freud dort vor allem ausführt, auf welche Weise im Unbewussten von Neurotikern Perversionen als Symptombilder auftreten. Als Ergebnis der Erörterung der Neurotiker definiert Freud, dass die Neurose das Negativbild der positiven Perversion bildet.

6.4.6. Partialtriebe und erogene Zonen

> Halten wir zusammen was wir aus der Untersuchung der positiven und der negativen Perversion erfahren haben, so liegt es nahe, dieselben auf eine Reihe von »Partialtrieben« zurückzuführen, die aber nichts Primäres sind, sondern eine weitere Zerlegung zulassen. (Freud, 1905d, S. 67)

Die Zerlegung des Sexualtriebes haben wir schon in dem Kapitel *Zwei Ergebnisse des Studiums der Perversionen* kennen gelernt und als unerträgliches Konglomerat verschiedener Komponenten, zur Verdrängung verdammt, als Ursache der Psychoneurosen. Was ist aber der Sexualtrieb, der für so verschiedenes Verhalten und Erleben vom *Perversen* bis zum *Normalen* sich verantwortlich zeichnet?

> Unter einem »Trieb« können wir zunächst nichts anderes verstehen als die psychische Repräsentanz einer kontinuierlich fließenden Reizquelle, zum Unterschied vom »Reiz«, der durch vereinzelte und von außen kommende Erregungen hergestellt wird. Trieb ist so einer der Begriffe der Abgrenzung des Seelischen vom Körperlichen. Die einfachste und nächstliegende Annahme über die Natur der Triebe wäre, daß sie an sich keine Qualität besitzen, sondern nur das Maß von Arbeitsanforderungen für das Seelenleben in Betracht kommen. (Freud, 1905d, S. 67)

Eine ähnliche Formulierung über das Wesen des Triebes haben wir schon unter Kap. 1 und 2 paraphrasiert und mit Laplanche & Pontalis (in Kap. 3.8.1.) gegeben. In Freuds Werk ist sie besonders in *Triebe und Triebschicksale*, einer Schrift Freuds von 1915(c), eingegangen. Vermutlich liegen hier die Wurzeln dieser definitorischen Einführung. Vorkonzeptionelle Wurzeln lassen sich wohl noch etwas früher nachweisen. Sowohl das *kontinuierliche Fließen von Reizquellen* als auch die Tatsache, dass der Trieb keine *Qualität* besitzt, erinnern an die Erregung (Q/Qή) aus dem *Entwurf einer Psychologie*. Auch das *Maß an Arbeitsanforderungen* scheint eine Verdichtung der Ausführungen aus dem *Entwurf einer Psychologie* in Bezug auf die Umgestaltungen im System φ, ψ, ω zu sein.

> Was die Triebe unterscheidet und mit spezifischen Eigenschaften ausstattet, ist deren Beziehung zu ihrer somatischen Quelle und ihren Zielen. Die Quelle des Triebes ist ein erregender Vorgang in einem Organ und das nächste Ziel des Triebes liegt in der Aufhebung dieses Organreizes. (Freud, 1905d, S. 67)

Dieser letzte Teil des Zitats scheint in Teilen noch etwas Neues zu bringen. Der Trieb findet sich hier ausgestattet mit spezifischen Eigenschaften, die in Relation stehen zu seiner Quelle und seinem Ziel. Im Kapitel 3.8. dieser Arbeit zum *Entwurf einer Psychologie* war als Vermutung die These aufgestellt worden, dass sich eine Qualität in den Trieb einschreibt über die Begegnung mit einem Objekt. Setzten wir nun den Begriff Qualität gleich mit spezifischen Eigenschaften, dann findet sich diese These von der Qualität des Triebes sogar um einen weiteren Aspekt bestätigt. Freud setzt die Quelle in Beziehung zur Eigenschaft, was wohl nur bedeuten kann, dass etwas neben der qualitätslosen Erregung Spezifisches aufscheint.

> Eine weitere vorläufige Annahme in der Trieblehre, welcher wir uns nicht entziehen können, besagt, daß von den Körperorganen Erregung von zweierlei Art geliefert werden, die in Differenzen chemischer Natur begründet sind. Die eine dieser Arten von Erregung bezeichnen wir als die spezifisch sexuelle und das betreffende Organ als die »erogene Zone« des von ihm ausgehenden sexuellen Partialtriebes. (Freud, 1905d, S. 68)

Was sich also so schon im *Entwurf einer Psychologie* andeutete, findet hier über die Quelle, in Form der erogenen Zonen, als Sexualtrieb, ausgestattet mit der Energie der Libido, Eingang in die qualitätslose, primäre Erregung (Q/Qή).

6.4.7. Erklärung des scheinbaren Überwiegens perverser Sexualität bei den Psychoneurosen.

> Bei den meisten Psychoneurotikern tritt die Erkrankung erst nach der Pubertätszeit auf unter der Anforderung des normalen Sexuallebens. Gegen dieses richtet sich vor allem die Verdrängung. Oder spätere Erkrankungen stellen sich her, in dem der Libido auf normalem Wege die Befriedigung versagt wird. **In beiden Fällen verhält sich die Libido wie ein Strom, dessen Hauptbett verlegt wird; sie füllt die kollateralen Wege aus, die bisher vielleicht leer geblieben waren.** (Freud, 1905d, S. 69-70, Hervorhebung durch P. D.)

Für die spätere Ausprägung der Sexualität in Normalität, Perversion oder Psychoneurose, wobei letztere beide als Pole des Extremen gelten können, zwischen denen die Normalität als schmaler Mittelweg kaum sichtbar ist, verwendet Freud die Metapher des Flusses, der je nach Einflüssen sein Hauptbett verlegen muss. Dieses Bild erinnert ebenfalls an den *Entwurf einer Psychologie*, in der das Strömen der Erregung in Bahnungen mit Hemmungen versehen und vom Ich in wiederum andere Bahnen durch Anziehung geleitet wird. Als Unterschied könnte man anführen, dass es sich im *Entwurf einer Psy-*

chologie noch um eine Metapher für das Wirken von Nervenkräften in Nervenbahnen handelt, während die Metapher jetzt von konkreten physischen Nervenbahnen weiter entfernt zu sein scheint.

6.5. Die infantile Sexualität

6.5.1. Die infantile Amnesie

Freud leitet seine Abhandlung über die infantile Sexualität mit einem Verweis auf die populäre Meinung in Bezug auf den Geschlechtstrieb beim Kind ein: *Es gäbe ihn nicht beim Kind* (vgl. Freud 1905d, S. 73).

> Allein dies ist ein folgenschwerer Irrtum, da er hauptsächlich unsere gegenwärtige Unkenntnis der grundlegenden Verhältnisse des Sexuallebens verschuldet. Ein gründliches Studium der Sexualäußerungen in der Kindheit würde uns wahrscheinlich die wesentlichen Züge des Geschlechtstriebes aufdecken, seine Entwicklung verraten und seine Zusammensetzung aus verschiedenen Quellen zeigen. (Freud, 1905d, S. 73)

Den Grund dieser populären Meinung sucht Freud vorerst in einem psychischen Phänomen, den der frühkindlichen Amnesie.

Sie sei insofern eigentümlich, als in die Zeit dieser Amnesie ein sehr lebhaftes psychisches Leben fällt. Das Kind erlebt intensiv Eindrücke und Begegnungen mit seiner Umwelt. Für Freud stellt sich deshalb vornehmlich die Frage, warum ein so intensives psychisches Leben möglich ist, ohne dass die Psyche zum Erinnern desselben in der Lage zu sein scheint. Diese These verwirft er aber wieder, indem er das Wesen der Amnesie gleichsetzt mit dem Wesen der Verdrängung, welches er als Teil der Symptomatik der Psychoneurose schon gekennzeichnet hat. Die Eindrücke der Kindheit gehen also nicht verloren, sie verfallen nur der Verdrängung, sind dem Bewussten des ehemaligen Kindes nicht mehr zugänglich.

Aus den Beobachtungen Freuds an Kindern, die sexuelles Erleben regelmäßig zeigen, und der frühkindlichen Amnesie, welche er der Verdrängung des Psychoneurotikers analog beurteilt, zieht Freud deshalb den Schluss, dass Amnesie und sexuelles Erleben des Kindes aufeinander verweisen. Das Sexualleben des Kindes verfällt nicht der Amnesie, es wird der Verdrängung unterworfen.

6.5.2. Periodische Erscheinungen des Libidinösen

> Es scheint gewiß, daß das Neugeborene Keime von sexuellen Regungen mitbringt, die sich eine Zeitlang weiter entwickeln, dann aber einer fortschreitenden Unterdrückung unterliegen, welche selbst wieder durch regelrechte Vorstöße der Sexualentwicklung durchbrochen und durch individuelle Eigenheiten aufgehalten werden kann. Über die Gesetzmäßigkeit und die Periodizität dieses oszillierenden Entwicklungsganges ist nichts Gesichertes bekannt. (Freud, 1905d, S. 77)

Eines fällt in diesem Zitat besonders auf: Die Sexualentwicklung beim Neugeborenen verläuft im Modus von

Fortschreiten und Innehalten. Diese Form des Geschehens, dass es periodisch verläuft und dann zwei oszillierende Entwicklungsniveaus einschließt, scheint Freud gesichert, auch wenn er die Gesetzmäßigkeit des Geschehens, also die Zeitpunkte und deren Ordnung, als nicht gesichert betrachtet.

Ab dem 3. bis 4. Lebensjahr findet es dann deutlich beobachtbareren Ausdruck, bzw. an ihm kann, wie wir später sehen werden, eine zeitliche Ordnung beobachtet werden. Diesem ganzen Entwicklungsverlauf in Perioden schreibt Freud neben dem eben in Teilen gut beobachtbaren Moment des ausgreifenden Sexuellen auch noch etwas Anderes, weniger Sichtbares zu. Freud nennt es die seelischen Mächte, *die später dem Sexualtrieb als Hemmnis in den Weg treten und gleich wie Dämme seine Richtung beengen würden (der Ekel, das Schamgefühl, die ästhetischen und moralischen Idealanforderungen)* vgl. Freud, 1905d, S. 78).

Freud entwirft im Folgenden wieder zwei Pole, die als Ursache in Betracht kommen für die sich entwickelnden Mächte, die ihren Ausdruck als Hemmnis finden und einhergehen mit Unlustgefühlen. Den ersten Ursachen, der Erziehung und den Moralforderungen der Gesellschaft, entzieht er jedoch gleich wieder Bedeutung, indem er ihnen Ursächlichkeit abspricht. Ihnen kommt nur der Stellenwert zu, etwas *»organisch Vorgezeichnete[s] nachzuziehen und es etwas sauberer und tiefer auszuprägen«* (Freud, 1905d S. 78, Hervorhebung P. D.).

> Mit welchen Mitteln werden diese, für die spätere persönliche Kultur und Normalität so bedeutsamen Konstruktionen aufgeführt? Wahrscheinlich auf Kosten der infantilen Sexualregungen selbst, deren Zufluß also auch in dieser Latenzperiode nicht aufgehört hat, deren Energie aber – ganz oder zum größten Teil – von der sexuellen Verwendung abgeleitet und anderen Zwecken zugeführt wird. (Freud, 1905d, S. 78-79)

Es ist wohl deutlich ersichtlich, dass Freud den energetischen Aspekt des Aufbaus der Dämme, die die Richtung beengen, mit der Energie der infantilen Sexualregungen geschehen lässt.

> Die Kulturhistoriker scheinen einig in der Annahme, daß durch solche Ablenkung sexueller Triebkräfte von sexuellen Zielen und Hinlenkung auf neue Ziele, ein Prozeß, der den Namen Sublimierung verdient, mächtige Komponenten für alle kulturellen Leistungen gewonnen werden. (Freud, 1905d, S. 79)

Freud gestaltet aus den Hemmnissen des Sexualtriebes Kulturziele, die, wir erinnern, gespeist sind aus sexuellen Quellen. Wie dies vonstatten geht, erläutert er so:

> Auch über den Mechanismus einer solchen Sublimierung kann man eine Vermutung wagen. Die sexuellen Regungen dieser Kinderjahre wären einerseits unverwendbar, da die Fortpflanzungsfunktionen aufgeschoben sind, was den Hauptcharakter der Latenzperiode ausmacht, andererseits wären sie an sich pervers, das heißt von erogenen Zonen ausgehend und von Trieben getragen, welche bei der Entwicklungsrichtung des Individuums nur Unlustempfindungen hervorrufen könnten. Sie rufen daher see-

> lische Gegenkräfte (Reaktionsbildungen) wach, die zur wirksamen Unterdrückung solcher Unlust die erwähnten psychischen Dämme; Ekel, Scham und Moral, aufbauen. (Freud, 1905d, S. 79)

Die sexuellen Regungen des Kindes, so heißt es in diesem Zitat, wären pervers. Sie entspringen erogenen Zonen und werden von einem Trieb getragen, der aufgrund der Entwicklungsrichtung des Kindes nur Unlust hervorrufen kann.

Was lässt sich auf Grund dieses Zitates festhalten? Die erogenen Zonen verursachen eine körperliche Sensation und damit eine Regung im Psychischen, an die sich ein Trieb heftet. Die Quelle des Triebes scheint also verschieden von der Quelle der sexuellen Regung. Das Objekt, an dem sich die sexuelle Regung und die Erregung des Triebes entäußern soll, ist jedoch kein adäquates. Es verursacht Unlust, da, so definiert Freud Perversion, das Ziel ein intermediäres ist. Es ist eines, welches auf halbem Wege liegt.

> Diese Betätigungen sind einerseits selbst mit Lust verbunden, andererseits steigern sie die Erregung, welche bis zur Erreichung des endgültigen Sexualziels andauern soll. (Freud, 1905d, S. 49)

Scham, Ekel und Moral verhindern, in Form einer Reaktionsbildung, dass sich die sexuelle Regung am intermediären Objekt Lust holt durch Entäußerung seiner Erregung. Was ist geschehen?

Es hat Entwicklung stattgefunden. Aus einem Objekt, das Entäußerung versprach, ist eines geworden, das dies einzulösen nicht mehr in der Lage war. Es versagt an der Forderung des Sexualtriebes.

Erinnern wir uns an die Struktur des Sekundärvorgangs aus dem *Entwurf einer Psychologie*. Freud war zu der Auffassung gelangt, dass eine Wahrnehmung eines feindlichen Objektes das Ich dazu bringt, die erneute Besetzung des Erinnerungsbildes zu verhindern, solange bis Realitätszeichen einen Umgang unausweichlich werden ließen. Zur Vergegenwärtigung noch einmal dieses Modell (Wiederholung der Graphik von S. 36).

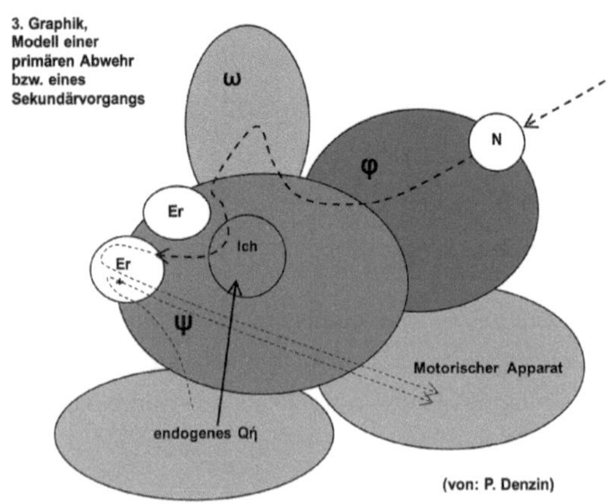

Er- = Erinnerungsbild eines schmerzerregenden Objektes
Er+ = befriedigendes Erinnerungsbild
N = Nervenendschirme

Dieses Modell (3. Graphik), wir kennen es aus dem Kapitel über den *Entwurf einer Psychologie*, sollte dort veranschaulichen, was unter einem Sekundärvorgang verstanden werden kann. Ersetzt man das schmerzerregende Erinnerungsbild durch ein intermediäres Erinnerungsbild und das befriedigende Erinnerungsbild durch das Bild einer kulturellen Leistung, dann scheinen die Modelle der Prozesse Sekundärvorgang und Sublimierung ineinander aufzugehen. Es soll jedoch nicht verschwiegen werden, dass dieser Vergleich der Prozesse einen Aspekt vernachlässigt. Freud fasst zwar unter dem Prozess Sublimierung die Hinlenkung sexueller Triebkräfte auf neue, kulturelle Ziele, legt hier aber noch nicht dar, wie diese sich formen oder formten.

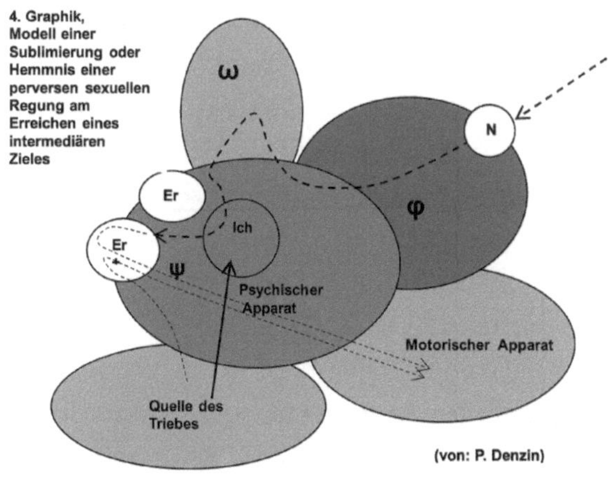

4. Graphik, Modell einer Sublimierung oder Hemmnis einer perversen sexuellen Regung am Erreichen eines intermediären Zieles

Er- = intermediäres, perverses „Sexualobjekt“
Er+ = Objekt, das für eine „kulturelle Leistung“ steht
N = Nervenendschirme bzw. erogene Zone

6.5.3. Die Äußerungen der infantilen Sexualität

Kehren wir mit Freud zur Analyse der infantilen Sexualregungen zurück. Freud wählt das Ludeln oder Lutschen (Wonnesaugen) als Abbild der wohl ersten Äußerung des Sexualtriebes. Es »besteht *in einer rhythmisch wiederholten saugenden Berührung mit dem Munde.* [...] *Ein Teil der Lippe selbst, die Zunge, eine andere erreichbare Hautstelle, – selbst die große Zehe – werden zum Objekt genommen*« (Freud, 1905d, S. 80, Hervorhebung durch P. D.). Freud führt zwei Begründungen dafür an, dass in diesem Lutschen eine sexuelle Äußerung zu sehen ist. Erstens ist es wichtig, dass das Vorbild, die Nahrungsaufnahme, nur in Bezug auf die motorische Bewegung nachgeahmt wird, das Lutschen also nicht einhergehen soll mit der Aufnahme von Nahrung. Zum zweiten sei die *motorische Reaktion in einer Art Orgasmus* (vgl. Freud, 1905d, S. 81) bzw. das Einschlafen während des Lutschens Hinweis auf Entspannung nach Anspannung. In einer Fußnote verweist er zudem noch zusätzlich darauf, dass sexuelle Betätigungen das beste Schlafmittel seien (vgl. Freud, 1905d, S. 81).

Das für Freud Auffälligste ist jedoch nicht die Tatsache der sexuellen Äußerung an sich, sondern dass sie *autoerotisch* (vgl. Freud, 1905d, S. 81-2) abläuft. Auf das Abbild der sexuellen Äußerung ist schon hingewiesen worden. Es ist die Nahrungsaufnahme, also das Saugen an der Mutterbrust (oder an ihren Surrogaten). Die Lust stellte sich jedoch erst mit der *Reizung durch den warmen*

Milchstrom (vgl. Freud, 1905d, S. 82) in Verbindung mit dem Lutschen ein.

> Anfangs war wohl die Befriedigung der erogenen Zone mit der Befriedigung des Nahrungsbedürfnisses vergesellschaftet. Die Sexualbetätigung lehnte sich zunächst an eine der zur Lebenserhaltung dienenden Funktionen an und macht sich erst später von ihr selbstständig. (Freud, 1905d, S. 82)

Warum sich das Kind nicht eines fremden Objektes bedient, leitet Freud davon ab, dass es sich dadurch eine Autonomie von der Außenwelt erwirbt und gleichzeitig eine zweite erogene Zone schafft. Ein ähnliches autonomes Moment werden wir in der Schrift *Jenseits des Lustprinzips* noch einmal im Kontext des Fort-Da-Spiels finden. Bedeutsamkeit kann die Kontrolle des Objektes, das Lust verschafft, schon an dieser Stelle der *Drei Abhandlungen zur Sexualtheorie* für sich beanspruchen.

Wenden wir uns aber einem anderen Aspekt der autoerotischen Lust zu. Im *Entwurf einer Psychologie* hatte Freud, wie im Kontext der Sublimierung hier schon einmal behauptet wurde, mit dem Sekundärvorgang ein Modell geschaffen, das ebenfalls erlaubt, die Sublimierung mit abzubilden. Nun kann sich der Vorgang der Sublimierung wohl auch beschreiben lassen als Wandlung eines Objektes, an dem eine Sexualäußerung gelingt, hin zu einem Objekt, an dem sie misslingt und zugunsten eines anderen aufgegeben wird. Nehmen wir noch einmal das Modell zu Hilfe, an dem diese Wandlung demonstriert werden sollte.

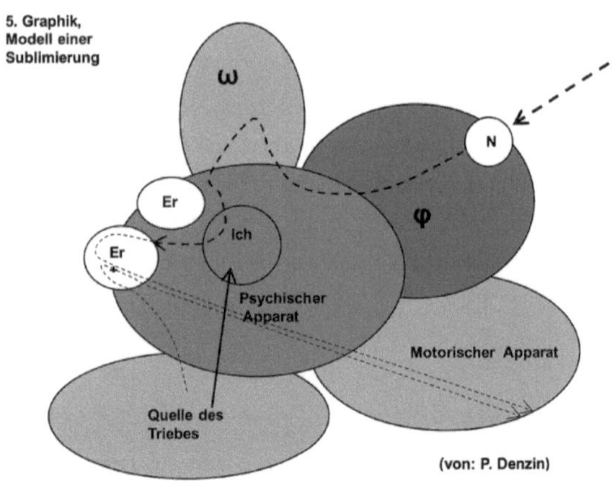

5. Graphik, Modell einer Sublimierung

(von: P. Denzin)

Er- = „intermediäres, perverses Sexualobjekt“
Er+ = Objekt, das für eine „kulturelle Leistung“ steht
N = Nervenendschirme bzw. erogenen Zone

Der Prozess, der als Vorläufer dieses Geschehens gelten kann, ist das Lutschen. Das Er+, also Erinnerungsbild des ehemals befriedigenden Objektes, wandelte sich zum perversen Sexualobjekt infolge seines immer deutlicher werdenden intermediären Charakters.

Die kulturelle Leistung findet Eingang ins System, wenn der intermediäre Charakter des Lutschens deutlicher wird. Es schiebt sich an die Stelle der vormals sexuellen Befriedigung versprechenden Objektes bzw. Erinnerungsbildes. Dass das Lutschen in dieser Weise als Erinnerungsbild existiert, macht Freud noch einmal anhand des folgenden Satzes deutlich.

> Diese Befriedigung muß vorher erlebt worden sein, um ein Bedürfnis nach ihrer Wiederholung zurückzulassen, und wir dürfen vorbereitet sein, daß die Natur sichere Vorkehrungen getroffen hat, um dieses Erleben der Befriedigung nicht dem Zufalle zu überlassen. (Freud, 1905d, S. 85)

Im zweiten Teil des Zitates finden wir auch noch den Verweis auf die Voraussicht der Natur, die in der Organisation der menschlichen Anatomie, dem Zusammenfallen von erogener Zone und Körperöffnung, die zur Aufnahme der Nahrung dient, dem Mund, dafür sorgt, dass sich Lust entzündet am Vorgang, der nach dem *Entwurf einer Psychologie* verantwortlich ist für eine momentane Aufhebung des endogenen Erregungsflusses. Als Ursächliches hinter diesem Erregungsfluss fanden wir *die Not des Lebens*, der wir als These unterstellten, dass sie Ausdruck der Drohung des materiellen Verlöschens des Körpers ist. Zusammengenommen lässt sich also schon hier sagen, dass sich die Lust am Ausdruck der Drohung des Verlöschens entzündet.

> Der Zustand des Bedürfnisses nach Wiederholung der Befriedigung verrät sich durch zweierlei: durch ein eigentümliches Spannungsgefühl, welches an sich mehr den Charakter der Unlust hat, und durch eine zentral bedingte, in die peripherische erogene Zone projizierte Juck- oder Reizempfindung. Man kann das Sexualziel darum auch so formulieren, es käme darauf an, die projizierte Reizempfindung an der erogenen Zone durch denjenigen äußeren Reiz zu ersetzen, welcher die Reizempfindung aufhebt, indem er die Empfindung der Befriedigung hervorruft.

> Dieser äußere Reiz wird zumeist in einer Manipulation bestehen, die analog dem Saugen ist. (Freud, 1905d, S. 84)

Dieses Zitat, das das Bedürfnis nach Wiederholung der Befriedigung thematisiert und in den Kontext der Lust-Unlust-Zusammenhänge setzt, der weiter oben schon vermutet wurde, holt aber auch noch einmal das Moment des Autonomiebestrebens der Sexualäußerung ein. Wir lesen, dass man das Sexualziel auch so formulieren kann, dass es mittels Projektion der Reizempfindung den Ort verändert. Es wandert von erogener Zone zur sexuellen Handlung, die die Empfindung der Befriedigung hervorruft.

Zusammengefasst kann an dieser Stelle angeführt werden, dass für Freud sich auf diese Weise das Wesen und Wirken des Sexualtriebes entschlüsselt hat.

> Es kann uns nur höchst erfreulich sein zu finden, daß wir von der Sexualbetätigung des Kindes nicht mehr viel Wichtiges zu lernen haben, nachdem uns der Trieb von einer einzigen erogenen Zone her verständlich geworden ist. (Freud, 1905d, S. 86)

Es gibt nur noch weniges in Bezug auf ihn zu bemerken. Zum einen, und dieser Gesichtspunkt der Entwicklung greift die Periodizität der Sexualäußerung auf, entwirft Freud Entwicklungsphasen der sexuellen Organisation. Freud nimmt also auf Grund seiner Analyse des Neurotischen an, dass es einen normalen Ablauf der Entwicklungsphasen gibt. An erster Stelle steht die orale oder kannibalische Phase gefolgt von der sadistisch-analen.

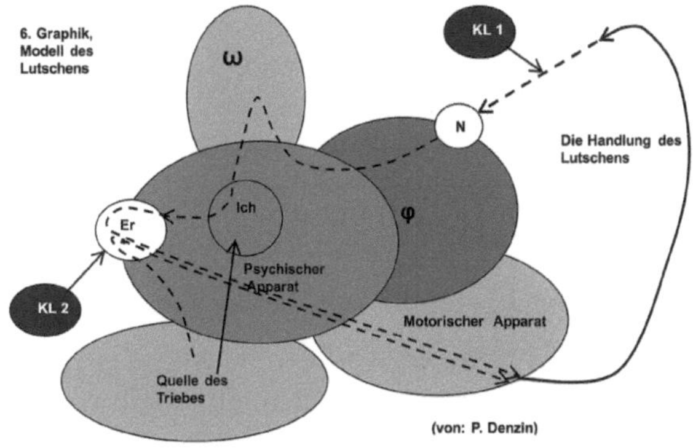

Er+ = „intermediäres, perverses Sexualobjekt",
N = Nervenendschirme bzw. erogene Zone
KL = Kulturelle Leistung

Anmerkungen zur Graphik:
KL 1 (rechts oben) stellt in dieser Graphik die Handlung des Lutschens als Lustvollen Akt dar. Sie ist an dieser Stelle der Graphik eingezeichnet, da deutlich gemacht werden soll, dass sie als Handlungsakt eine gesellschaftliche Dimension hat.
KL 2 (links) soll anzeigen, dass der Handlungsakt des Lutschens in Er+ eingeschrieben wird und dieses verändert zurücklässt. Die Darstellungsebene hat sich jedoch vom externen in einen internen Akt verschoben.

Als nicht voll entwickelte Organisation deutet sich im Kindesalter noch die genital genannte Phase an.

Zum anderen, und das soll eher der Vollständigkeit halber noch angeführt werden, betont Freud, dass sich das Sexualziel des Kindes entwickelt von einer sich am Objekt der Mutterbrust anlehnenden Handlung, dem Saugen, hin zu einer primär autoerotischen Betätigung, dem Lutschen, welche das Kind später wieder zu Gunsten eines reiferen Sexualziels aufgibt. Das Geschehen der Triebe lässt sich analog so beschreiben, dass die vormals autonom agierenden Partialtriebe und ihre an sie verwiesenen erogenen Zonen sich mit dem Sexualobjekt dem Primat der Genitalzone unterordnen. Primär geschieht dies während der Pubertät.

6.6. Systeme für die Libido

Die dritte Abhandlung, die sich mit der Entwicklung in der Zeit der Pubertät beschäftigt, soll hier jedoch nur noch in einigen wenigen Aspekten diskutiert werden, da sie ansonsten wenig Neues an Erkenntnissen für die Triebe zu bringen verspricht. Die angedeuteten Aspekte betreffen die schon kurz erwähnte Libido-Theorie. Freud führte den Begriff in der Einführung zu den *Drei Abhandlungen zur Sexualität* ein und erörtert, was hinter ihm steht, noch einmal in der Dritten Abhandlung. So definiert er dort Libido

> als einer quantitativ veränderlichen Kraft, welcher Vorgänge und Umsetzungen auf dem Gebiet der Sexualerregung messen könnte. Diese Libido sondern wir von der Energie, die den seelischen Prozessen allgemein unterzulegen ist, mit Beziehung auf ihren besonderen Ursprung und verleihen ihr so auch einen qualitativen Charakter. (Freud, 1905d, S. 118)

Freud greift hier noch einmal die besondere, sich an den Objekten des Triebes und an dem Ziel, für welche sie stehen, äußernde Qualität auf. Diese Sonderung von der restlichen psychischen Energie lässt sich so auch als Sonderung von einer zumindest sich parallel entfaltenden Kraft deuten. Diese andere Kraft führt Freud zurück auf die Bedürfnisse des physiologischen Körpers, indem er sie in den Kontext der Ernährungsvorgänge setzt. Es ist leicht, hinter diesen quantitativen Kräften *die Not des Lebens* zu entdecken, war sie neben der Sexualität doch auch mit Hunger und Atem gleichgesetzt. Aus ihr, und dieses kennen wir auch schon aus dem *Entwurf einer Psychologie*, differenziert sich, nachdem sich die erogene Zone als Qualitatives eingeschrieben hat, das Sexuelle.

Auch jene Vorstellung der Erregung, die in einem System gegeneinander gut gebahnter Neuronen verschoben werden kann, um anderen endogenen Quellen entstammende Erregung mittels Anziehung zu bestimmten Erinnerungsbildern zu leiten, finden wir wieder aufgenommen im Bild der Ich-Libido. Später nennt Freud sie auch narzisstische Libido.

> Die Analyse der Perversionen und Psychoneurosen hat uns zur Einsicht gebracht, daß diese Sexualerregung nicht von den sogenannten Geschlechtsteilen alleine, sondern von allen Körperorganen geliefert wird. Wir bilden uns also die Vorstellung eines Libidoquantums, dessen Produktion, Vergrößerung oder Verminderung, Verteilung und Verschiebung uns die Erklärungsmöglichkeiten für die beobachteten psychosexuellen Phänomene bieten soll. (Freud, 1905d, S. 118)

Freud beschreibt die Wandlungen der *Erregungsbesetzung in den Systemen* (siehe *Entwurf einer Psychologie*) auf der Ebene des sich *entäußernden Sexualtriebe*s (siehe *Drei Abhandlungen zur Sexualtheorie*) als Geschehen so:

> Dem analytischen Studium bequem zugänglich wird diese Ichlibido aber nur, wenn sie die psychische Verwendung zur Besetzung von Sexualobjekten gefunden hat, also zur Objektlibido geworden ist. Wir sehen sie dann sich auf Objekte verlassen, von ihnen auf andere übergehen und von diesen Positionen aus die Sexualbetätigung des Individuums lenken, die zur Befriedigung, das heißt zum partiellen und zeitweisen Erlöschen der Libido führt. (Freud, 1905d, S. 118)

Es soll hier in Bezug auf die drei Abhandlungen noch einmal auf die nachzuprüfende These verwiesen und diese auf das Zitat angewendet werden. Hatte sich die erste der sexuellen Äußerungen des Individuums an der *die Not des Lebens* stillenden Begegnung mit der Mutterbrust entzündet, ist für Freud die hinter der sexuellen Äußerung stehende Erregung bzw. Libido das partielle und zeitweise Erlöschen derselben gleich dem Gestillt-Werden oder vielleicht eher dem Stillwerden *der Not des Lebens* vorgezeichnet.

7. Freuds *Zur Einführung des Narzißmus*

7.1. Herleitung des Narzissmus Begriffs

Für Freud bezeichnet der Begriff Narzissmus, abgeleitet aus der klinischen Deskription von P. Näcke 1899 (vgl. Freud, 1914c, S. 138), ein sexuelles Verhalten, das in Handlung Masturbation ist und dafür sich selbst als Sexualobjekt nimmt.

> In dieser Ausbildung hat der Narzißmus die Bedeutung einer Perversion, welche das gesamte Sexualleben der Person aufgesogen hat, und unterliegt darum auch den Erwartungen, mit denen wir an das Studium aller Perversionen herantreten. (Freud, 1914c, S. 138)

Es sind zwei Aspekte des Narzissmus, auf die Freud in dieser einführenden ersten Differenzierung Wert legt. Zum einen, dass Narzissmus eine Perversion ist, zum anderen, dass sie nach dem Modus des Aufsaugens agiert. Zur Perversion, und das entnehmen wir dem letzten Kapitel, wird eine Handlung dann, wenn sie zur Ausschließlichkeit neigt, Ekel überwindet und das normale Sexualziel, anstatt es vorzubereiten, verdrängt (vgl. Freud, 1905d, S. 56).

Dass Freud die Perversion des Narzissmus nach dem Modus des Aufsaugens konzipiert, lässt in diesem Kontext darauf schließen, dass das narzisstische sexuelle

Verhalten darauf aufbaut, dass ein Libidinöses, welches vormals ausströmte, ein Objekt suchte oder auch fand, seine Richtung doch ändert oder kollabiert und in sich zurückfiel oder wieder eingesogen wurde.

Weitere psychoanalytische Beobachtung dieses Phänomens legt nun nahe, dass es sich bei diesem Phänomen nicht um ein abgegrenztes Symptombild handelt, sondern vielmehr auch bei einigen anderen, mit Störungen behafteten Personen als Teil ihres sexuellen Verhaltens gefunden werden kann. Daraus leitet Freud die Vermutung ab,

> daß eine als Narzißmus zu bezeichnende Unterbringung der Libido in viel weiterem Umfang in Betracht kommen und eine Stelle in der regulären Sexualentwicklung des Menschen beanspruchen könnte. [...] Narzißmus in diesem Sinne wäre keine Perversion, sondern die libidinöse Ergänzung zum Egoismus des Selbsterhaltungstriebes, von dem jedem Lebewesen mit Recht ein Stück zugeschrieben wird. (Freud, 1914c, S138, 139)

Freud findet also im Narzissmus ein Stück der normalen psycho-sexuellen Entwicklung des Menschen pervertiert oder fixiert.

7.2. Das Problem mit der Schizophrenie

Die Schizophrenie und ihre Unbeeinflussbarkeit durch die Psychoanalyse findet ihre theoretische Begründung in der Analyse des Narzissmus. Der Narzissmus ist für Freud die bestimmendste Form im Größenwahn der Schizophrenen und der damit einhergehenden Verarmung an Objektbezügen, im Gegensatz zu den Neurotikern, die ihre Objekte zwar nicht mehr erreichen können, jedoch an deren erotischer Besetzung in der Phantasie festhalten.

> Auch der Hysteriker und der Zwangsneurotiker hat, soweit seine Krankheit reicht, die Beziehung zur Realität aufgegeben. Die Analyse zeigt aber, daß er die erotische Beziehung zu Personen und Dingen keineswegs aufgehoben hat. Er hält sie noch in der Phantasie fest, das heißt, er hat einerseits die realen Objekte durch imaginäre seiner Erinnerung ersetzt oder sie mit ihnen vermengt, andererseits darauf verzichtet, die motorische Aktion zur Erreichung seiner Ziele an diesen Objekten einzuleiten. (Freud, 1914c, S. 139)

Dem Größenwahn folgend, sucht Freud das Schicksal der Libido, die den Objekten entzogen wurde, zu ergründen. Er findet sie wieder im Ich. Einem Ich, das sich fast nicht verändert hat, wobei seine Struktur erst durch diesen Rückbezug kenntlich wird. Hieraus leitet Freud sein Bild vom Ich ab.

> Der Größenwahn selbst ist aber keine Neuschöpfung, sondern, wie wir wissen, die Vergrößerung und Verdeutlichung eines Zustandes, der schon vorher bestanden hatte. (Freud, 1914c, S. 140)

Das Ich wird nicht oder fast nicht verändert, dadurch, dass von ihm ausgehend, keine Objekte mehr gesucht werden.

> Wir bilden so die Vorstellung einer ursprünglichen Libidobesetzung des Ichs, von der später an die Objekte abgegeben wird, die aber, im Grunde genommen, verbleibt und sich zu den Objektbesetzungen verhält wie der Körper eines Protoplasmatierchens zu den von ihm ausgeschickten Pseudopodien. (Freud,1914c, S. 140-1)

7.3. Zur Entwicklungsposition des Narzissmus

Was sich hier wieder einmal als Hintergründiges andeutet, ist die aus dem *Entwurf einer Psychologie* bekannte Vorstellung des Ichs als gegeneinander gut gebahnte Struktur von Neuronen, welches Besetzungsenergie durch Anziehung meistens auf Objekte, hier jedoch so, dass sie in sich selbst verweilen kann, leitet.

Kehren wir kurz zum *Entwurf einer Psychologie* zurück. Freud hatte das Ich abgeleitet als physiologisch sinnvolles Bestreben, welches Besetzung von schmerzverursachenden Objekten vermeiden will, lustversprechende Objekte jedoch zu besetzten versucht. Das Ich war im Kontext des Entwurfes einer Psychologie also eines, das für sich ausschließlich in Anspruch nehmen konnte, Erregungen so zu leiten, dass sie Lust, also Entbindung der Erregung, nach sich zog. Diese tat es auch nur auf der Ebene von Bahnungen und Anziehungen, wobei sich deuten lässt, dass Freud damit versuchte, auf die Ebene von Physikalischem zu gelangen, um das Basale dieses Geschehens einzufangen.

Das folgende Modell soll darstellen, wie sich das erste Lusterlebnis der *Drei Abhandlungen zur Sexualtheorie* in das Schema des Befriedigungserlebnisses aus dem *Entwurf einer Psychologie* einschreibt. Um noch einmal in Erinnerung zu rufen, wie Freud dieses Erlebnis entwarf, geben wir ein schon einmal verwendetes Zitat wieder.

> 1. Es wird dauernde Abfuhr geleistet und damit dem Drang, der in ω Unlust erzeugt hat, ein Ende gemacht.
> 2. Es entsteht im Mantel die Besetzung eines Neurons (oder mehrere), die der Wahrnehmung eines Objektes entspricht.
> 3. es kommt an anderer Stelle des Mantels die Abfuhrnachricht von der ausgelösten Reflexbewegung, die sich an die spezifische Aktion anschließt. Zwischen dieser Besetzung und den Kernneuronen bildet sich eine Bahnung. (Freud, 1950c, S. 411)

7. Graphik, Modell eines lustvollen Erlebnisses

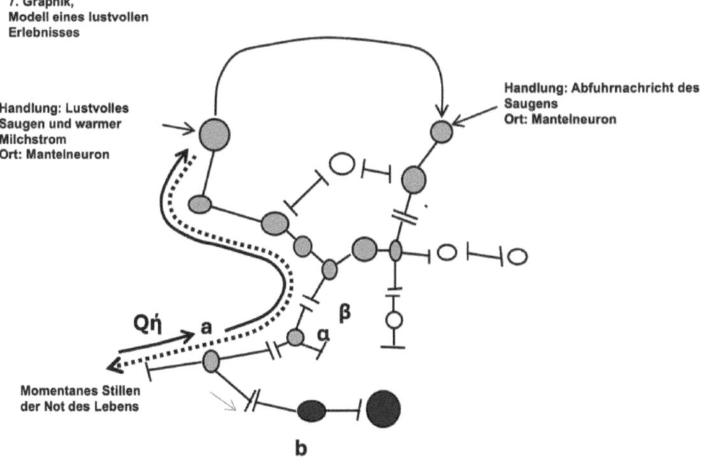

(Abb. 3, Freud, 1950c, S. 417 erweitert von P. Denzin)

Das nun folgende Modell soll darstellen, wie auf der Ebene des Entwurfes *einer Psychologie* ein Ich Erregung in Bahnen leitet und dieses auf der Ebene der *Drei Abhandlungen zur Sexualität* als autoerotische Handlung deutbar ist.

Daraus lässt sich dann leicht ableiten, dass diese autoerotische Handlung, die die Quelle der Erregung nicht erreicht, irgendwann von einem lustvollen Handeln in ein unlustvolles umschlägt. Im Modell wird dies durch den weggelassenen gepunkteten Pfeil angedeutet, welcher ein Stillen der Not darstellt bzw. dafür sorgt, dass die Entbindung von Erregung für eine Weile aussetzt. Auf diese Weise wäre auch dem Problem eines intermediären Objektes, also eines, was seinen lustvollen Charakter verliert, Rechnung getragen.

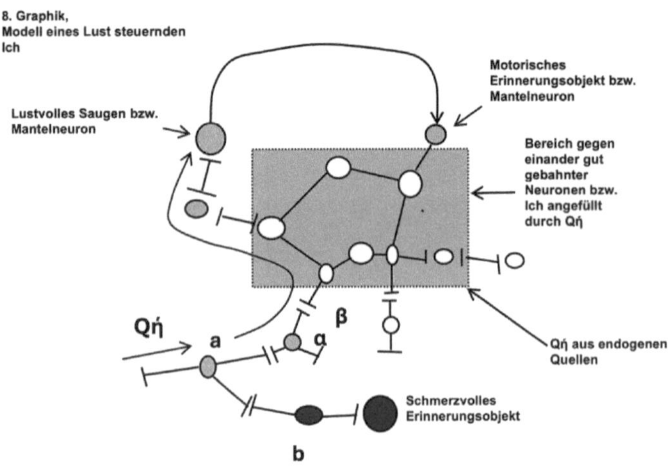

8. Graphik, Modell eines Lust steuernden Ich

(Abb. 3, Freud, 1950c, S. 417 erweitert von P. Denzin)

In diesem Modell würde sich nach einer individuellen Zeit das System Ich und auch die an es anlangenden Systeme mit Erregung anfüllen. Solange die autoerotische Handlung geeignet ist zur Erregungsentbindung, können sich die Systeme immer wieder weitestgehend erregungsfrei erhalten. Es scheint nach diesem Modell plausibel, wenn Freud sein Ich ein Lust-Ich nennt, schließlich scheint es sich im Anhang zum ersten Lusterlebnis und an ihm zu einer Struktur zu formen.

> Das Ich bedarf der Außenwelt nicht, insofern es autoerotisch ist, es bekommt aber Objekte aus ihr infolge der Erlebnisse der Icherhaltungstriebe und kann doch nicht umhin, innere Triebreize als unlustvoll für eine Zeit zu verspüren. (Freud, 1915c, S. 228)

Kommen wir zurück zum narzisstischen Ich als Perversion und seiner von Freud formulierten Struktur.

> Der Größenwahn selbst ist aber keine Neuschöpfung, sondern, wie wir wissen, die Vergrößerung und Verdeutlichung eines Zustandes, der schon vorher bestanden hat. (Freud, 1914c, S. 140)

Nehmen wir die Worte Freuds ernst und lassen uns von ihnen leiten, dann sind Vergrößerung und Verdeutlichung eine Anweisung für die Veränderung unseres Modells zum einen, um die Perversion Narzissmus darstellen zu können, zum anderen, um uns dem Entwicklungsstadium Narzissmus anzunähern. Das narzisstisch vergrößerte Ich der Perversion ist ein Ich, das sich selbst strukturell in die Objekte hineinträgt. Es ist von ihnen nicht mehr verschieden. Das narzisstische Ich im Entwicklungsverlauf ist ebenfalls ein solches.

> Es wandelt sich so aus dem anfänglichen Real-Ich, welches Innen und Außen nach einem objektiven Kennzeichen unterschieden hat, in ein purifiziertes Lust-Ich, welches den Lustcharakter über jeden anderen setzt. Die Außenwelt zerfällt ihm in einen Lustanteil, den es sich einverleibt hat, und einen Rest, der ihm fremd ist. Aus dem eigenen Ich hat es einen Bestandteil ausgesondert, den es in die Außenwelt wirft und als feindlich empfindet. Nach dieser Umordnung ist die Deckung der beiden Polaritäten Ich-Subjekt --- mit Lust Außenwelt --- mit Unlust (von früher her Indifferenz) wieder hergestellt. (Freud, 1915c, S. 228)

Anhand dieses Zitats lässt sich auch noch ein anderes Moment in die Entwicklung des Ich im Stadium des Narzissmus eintragen. Finden sich die Objekte strukturell im Ich wieder, löst dieses einen Prozess des absichtsvollen Ausstoßens und Einverleibens der Objekte aus. Das Ich, agierend nach dem Lustprinzip, introjiziert lustvolle Objekte und projiziert, *was »ihm im eigenen Inneren Unlustanlaß wird«* (Freud, 1915c, S. 228).

Man könnte sagen, dass die Projektion oder das Nicht-besetzt-Halten des *Entwurfes einer Psychologie* die Konstruktion des Ich nicht nur beeinflusst, sondern geradezu nach sich zieht. Die Formung des Ich, verdeutlicht über die Struktur, die sich wandelt, verdankt sich dem Entäußern des Unlustanlasses.

Der Narzissmus als Perversion scheint also ein Wiederaufsuchen einer Position, die mit fortschreitendem

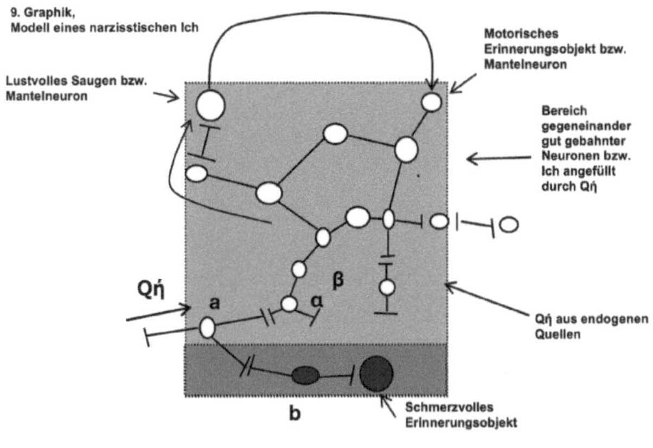

(Abb. 3, Freud, 1950c, S. 417 erweitert von P. Denzin)

Realitätssinn oder der Anerkennung insistierender Realitätszeichen *(Entwurf einer Psychologie)* einmal aufgegeben werden konnte.

Die dunkel gekennzeichneten, schmerzvollen Erinnerungsobjekte werden, nimmt man die Worte des *Entwurfes einer Psychologie*, nicht besetzt gehalten, nimmt man die Worte aus *Triebe und Triebschicksale*, nach außen projiziert.

> Je mehr die eine verbraucht, desto mehr verarmt die andere. Als die höchste Entwicklungsphase, zu der sich die letztere bringt, erscheint uns der Zustand der Verliebtheit, der sich uns wie ein Aufgeben der eigenen Persönlichkeit gegen die Objektbesetzung darstellt und seinen Gegensatz in der Phantasie (oder Selbstwahrnehmung) der Paranoiker vom Weltuntergang findet. (Freud, 1914c, S. 141)

Mit diesem Zitat sollte Freuds Konstruktion der libidinösen Objektbeziehungen in ihrer Polarität am deutlichsten hervorgetreten sein. Er verweist in ihm aber dennoch auf etwas anderes, dem wir uns vor allem annähern wollten. Es betrifft die Triebe und ihre Differenz. Freud zieht die Schlussfolgerung:

> Endlich folgern wir für die Unterscheidung der psychischen Energie, daß sie zunächst im Zustand des Narzißmus beisammen und für unsere grobe Analyse ununterscheidbar sind, und daß es erst mit der Objektbesetzung möglich wird, eine Sexualenergie, die Libido, von einer Energie der Ichtriebe zu unterscheiden. (Freud, 1914c, S. 141)

In Anlehnung an den *Entwurf einer Psychologie* hatten wir die Versorgung des Ich immer schon als aus unterschiedlichen Quellen kommend in die entwickelten Modelle eingetragen. Aber erst mit diesem Zitat erscheint dieses Vorgehen gerechtfertigt. Um diese Dualität der Triebe weiter zu untermauern, soll Freuds Ausführung noch ein Stück weiter zitiert werden.

> Für die Annahme einer ursprünglichen Sonderung von Sexualtrieben und anderen, Ichtrieben, spricht nun mancherlei nebst ihrer Brauchbarkeit für die Analyse der Übertragungsneurosen. Ich gebe zu, daß dieses Moment allein nicht unzweideutig wäre, denn es könnte sich um indifferente psychische Energie handeln, die erst durch den Akt der Objektbesetzung zur Libido wird. Aber diese begriffliche Scheidung entspricht erstens der populär so geläufigen Trennung von Hunger und Liebe. Zweitens machen sich biologische Rücksichten zu ihren Gunsten geltend.

> Das Individuum führt wirklich eine Doppelexistenz als sein Selbstzweck und als Glied in einer Kette, der es gegen, jedenfalls ohne seinen Willen dienstbar ist. Es hält selbst die Sexualität für eine seiner Absichten, während eine andere Betrachtung zeigt, daß es nur ein Anhängsel an sein Keimplasma ist, dem es seine Kräfte gegen eine Lustprämie zur Verfügung stellt, der sterbliche Träger einer – vielleicht – unsterblichen Substanz [...]. Die Sonderung der Sexualtriebe von den Ichtrieben würde nur diese doppelte Funktion des Individuums spiegeln. (Freud, 1914c, S. 143)

Freud zieht schon hier einen später in *Jenseits des Lustprinzips* (1920g) genauer verfolgten Zusammenhang zwischen Glied und Kette oder sterblichem Träger und unsterblicher Substanz heran. Aus ihm wird sein biologisch stärkstes Argument für eine Dualität der Triebe. Im Kontext des Narzissmus oder, wie wir gesehen haben, im allgemeinen Zusammenhang mit der Genese des Ich heißt dies, dass sich am Ich die Triebe in ihrem Wesen zu erkennen geben.

Im *Entwurf einer Psychologie* war das bewegende Moment *die Not des Lebens*. Für sie fand Freud die Begriffe Hunger, Atem und Sexualität. In dieser Not schien alles noch vereint. Mit den drei Abhandlungen fand die Differenz Eingang in die Not. Die Sexualität schwang sich auf und wurde Gestalter der Objektwelt des Individuums. Das Ich formte sich erst nach der Lust, dann mehr und mehr nach den Ansprüchen der Realität bzw. nach den in ihr enthaltenen Objekten. Das autoerotisch-lustvolle Ich musste sich der Realität beugen. Mit der Einführung des Narzissmus findet Freud nun *wieder* einen Zugang zum sterblichen Träger. Die ichformende Libido kennzeichnet er hier schon als mit der Drohung des Verlöschens behaftet. Die Ichtriebe jedoch speisen sich aus Quellen, denen Freud potentielle Unsterblichkeit zuschreibt. An dieser Stelle soll die Diskussion an der Schrift *Zur Einführung des Narzißmus* beendet werden, da die von Freud im weiteren Verlauf seiner Schrift verfolgten Begründungsansätze zum Narzissmus-Problem keine neuen Erkenntnisse zur Struktur der Triebe liefern und keine weitere Erhellung der frühen Genese des Ich bringen. Sie sind wohl vornehmlich als Auseinandersetzungen mit anderen Positionen zur Genese des Narzissmus zu verstehen.

8. *Jenseits des Lustprinzips*

8.1. Die eingeschränkte Herrschaft des Lustprinzips

In der Schrift *Jenseits des Lustprinzips* (1920g) beschäftigt sich Freud vorerst mit dem Lustprinzip, welches er allen seelischen Momenten als richtungweisendes Prinzip zur Seite stellt. Die Gebärde des Seelischen wird dann weiter differenzierbar nach Kategorien, die Freud unter Topik, Dynamik und Ökonomie zusammengefasst hat. Er nennt dies die Metatheorie psychoanalytischen Denkens (vgl. Freud, 1920g, S. 3), wobei dem Lustprinzip als alles durchdringendem Moment eine exponierte Stellung zukommt.

> Die Tatsache, die uns veranlaßt hat, an die Herrschaft des Lustprinzips im Seelenleben zu glauben, finden auch ihren Ausdruck in der Annahme, daß es ein Bestreben des seelischen Apparates sei, die in ihm vorhandene Quantität von Erregung möglichst niedrig oder wenigstens konstant zu erhalten. (Freud, 1920g, S. 5)

In diesem Zitat macht Freud jedoch noch auf einen bedeutsamen anderen Aspekt der von ihm angenommen Weise des Lustvollen aufmerksam. Es ist das Ziel der Lust auf der Ebene des Physiologischen, nämlich die Erregungsreduktion oder sogar die Erregungsfreiheit.

Festzuhalten ist, dass Freud die Tendenz des Seelischen zur Erregungsreduktion gewichtet und vor allem in den *Drei Abhandlungen zur Sexualtheorie*, aber auch noch in der *Einführung des Narzißmus* sein Augenmerk primär auf die Lust, die in diesem Prozess entsteht, legte. Auf das Ziel Null, oder weniger radikal, auf das Ziel Stabilität ging er seit dem *Entwurf einer Psychologie* kaum mehr ein. Es ist deshalb wohl statthaft zu sagen, dass Freud einen Paradigmenwechsel vollzieht, wenn er das Lustprinzip nun unter dem Begriff *Tendenz zur Stabilität* (vgl. Freud, 1920g, S. 5), wie er den Prozess in Anlehnung an G. Th. Fechner nennt, subsumiert. Die Herrschaft des Lustprinzips gibt er auf, indem er die seelischen Prozesse nicht mehr primär unter der Lustgewinnung verhandelt, sondern sie in den größeren Kontext der Stabilitätstendenz einbettet. Als wirkmächtiges Ziel des Seelischen erlaubt es auch Unlust, um (wieder)gefunden zu werden.

> Bei eingehender Diskussion werden wir auch finden, daß dies von uns angenommene Bestreben des seelischen Apparates sich als spezieller Fall dem Fechnerschen Prinzip der Tendenz zur Stabilität unterordnet, zu dem er die Lust-Unlust-Empfindungen in Beziehung gebracht hat. Dann müßten wir aber sagen, es sei eigentlich unrichtig, von einer Herrschaft des Lustprinzips über den Ablauf der seelischen Prozesse zu reden. [...] Es kann also nur so sein, daß eine starke Tendenz zum Lustprinzip in der Seele besteht, der sich aber gewisse andere Kräfte oder Verhältnisse widersetzen, so daß der Endausgang nicht immer der Lusttendenz entsprechen kann. (Freud, 1920g, S. 5)

Aus Lustprinzip wird Lusttendenz, und mit *anderen Kräften* und *einem Endausgang,* der nicht immer der Lusttendenz entspricht, öffnet Freud eine Tür an der Grenze zu einem *Jenseits des Lustprinzips.*

8.2. Erste Grenzen des Lustprinzips

Wo aber, jenseits dieses meta-theoretischen Niveaus, erfährt die Tendenz zur Lust des Seelischen ihre ersten Begrenzungen? Freud gibt die Antwort mit einem Verweis auf die Etablierung des Realitätsprinzips, dessen durchsetzende Instanz das Ich ist.

> Unter dem Einflusse der Selbsterhaltungstriebe des Ichs wird es vom Realitätsprinzip abgelöst, welches, ohne die Absicht endlicher Lustgewinnung aufzugeben, doch den Aufschub der Befriedigung, den Verzicht auf mancherlei Möglichkeiten einer solchen und die zeitweilige Duldung der Unlust auf dem langen Umwege zur Lust fordert und durchsetzt. (Freud, 1920g, S. 6)

Diesem Umweg zur Lust mag jedoch noch unterstellt werden, dass er, wenn auch über die Etablierung einer die Realität abgleichenden Instanz, dem Ich, der Lust doch im primären Sinne verpflichtet ist. Auch der sich diesem Ich immer wieder aufbürdende Konflikt zwischen Ansprüchen der Sexualtriebe und den Forderungen der Realität kann für sich als letztendliches Ziel doch die Lust des Subjekts beanspruchen. Die mit diesen aktuellen Konflikten einhergehende Unlust scheint also das Lustprinzip nicht gänzlich außer Kraft zu setzen.

Dass die Spaltung des seelischen Apparates an sich gedeutet werden kann als Verweis auf ein *Jenseits des Lustprinzips*, darauf soll später eingegangen werden.

8.3. Die Wiederholung der Auslieferung an die feindliche Welt

> Nach schweren mechanischen Erschütterungen, Eisenbahnzusammenstößen und anderen, mit Lebensgefahr verbundenen Unfällen ist seit langem ein Zustand beschrieben worden, dem dann der Name »traumatische Neurose« verblieben ist. Der schreckliche, eben abgelaufene Krieg hat eine große Anzahl solcher Erkrankungen entstehen lassen[.] (Freud, 1920g, S. 9)

Im zweiten Kapitel führt Freud einen Gegenstand in die Betrachtung der Grenzen des Lustprinzips ein, der sich für den weiteren Verlauf seiner Analyse derselben als sehr weitreichend entpuppt. Es sind der Schreck, die Furcht und die Angst. Die hier angegebene Reihenfolge ist eine Ordnung, die Freud begründet mit der psychischen Verarbeitungsform eines Ereignisses, das wohl bedenkenlos analog dem einbrechenden Schmerz aus dem *Entwurf einer Psychologie* eingeordnet werden kann. Wir erinnern uns, der Schmerz war eine übergroße physikalische Erregung aus der Außenwelt, die die Systeme φ, ψ, ω traf und drohte, sie biologisch zu schädigen, indem er die Systeme in folgender Weise traf und veränderte.

> Der Schmerz setzt das φ wie das ψ System in Bewegung, es gibt für ihn kein Leitungshindernis, er ist der gebieterischste aller Vorgänge. [...] [Der Schmerz schafft Bahnungen,] wie wenn der Blitz durchgeschlagen hätte, Bahnungen, die möglicherweise den Widerstand der Kontaktschranken völlig aufheben und dort einen Leitungsweg etablieren, wie er in φ besteht. (Freud, 1950c, S. 399-400)

Anhand dieses Bezuges lässt sich gut eine Begründung für die Reihenfolge Schreck, Furcht und Angst auf Grund ihres unterschiedlichen Bezugs zum Ereignis (Schmerz) angeben. Es ist der gleiche Bezug, den Freud wählt, nur dass er das Ereignis nicht auf der Ebene des Erregungsniveaus benennt, sondern in seinem Bezug zum Unheimlichen oder Unbekannten setzt, das das Individuum schädigen könnte.

> Schreck, Furcht, Angst werden mit Unrecht wie synonyme Ausdrücke gebraucht; sie lassen sich in ihrer Beziehung zur Gefahr gut auseinander halten. Angst bezeichnet einen gewissen Zustand wie Erwartung der Gefahr und Vorbereitung auf dieselbe, mag sie auch eine unbekannte sein; Furcht verlangt ein bestimmtes Objekt, vor dem man sich fürchtet, Schreck aber benennt den Zustand, in dem man gerät, wenn man in Gefahr kommt, ohne auf sie vorbereitet zu sein, betont das Moment der Überraschung. (Freud, 1920g, S. 10)

Aus dieser Perspektive lässt sich Folgendes, als eine der zwei Hauptursachen von Freud für die traumatische Neurose Beschriebenes, auch besser verstehen.

> An der gemeinen traumatischen Neurose heben sich zwei Züge hervor, an welche die Überlegungen anknüpfen konnten, erstens, daß das Hauptgewicht der Verursachung auf das Moment der Überraschung, auf den Schreck, zu fallen schienen, und zweitens, daß eine gleichzeitig erlittene Verletzung oder Wunde zumeist der Entstehung der Neurose entgegenwirkte. (Freud, 1920g. S. 9; 10)

Hier ist es der Schreck, also der Moment der Überraschung, verbunden mit einer potenziell lebensgefährlichen, also drohenden Situation, den Freud als gebieterischen Vorgang bezeichnet. So eingebettet wirkt er traumatisch.

Aber was heißt traumatisch? Für Freud ist es eine weit umfassendere und allgemeinere Schwächung und Zerrüttung der seelischen Leistungen als bei der Hypochondrie und Melancholie, geht aber mit einem ähnlich empfundenen subjektiven Leiden einher (vgl. Freud, 1920g, S. 9). Auch wird der Kranke immer wieder, vor allem im Traum, in seine als traumatisch erlebte Situation versetzt.

> Der Kranke sei an das Trauma sozusagen fixiert. (Freud, 1920g, S. 10)

Dieses zyklische Erleben des Kranken wirft für Freud einige Fragen auf. Zum einen ist die Frage zu stellen, warum der Traum, dessen Funktion die Wunscherfüllung ist, es erlaubt, in die traumatische Situation zurückzukehren. Zum anderen bleibt die Frage, ob das Wesen des Traumes, auf diese Weise verändert, auf eine rätselhafte masochistische Tendenz des Ich (vgl. Freud, 1920g, S. 11) verweist.

Auch soll noch darauf hingewiesen werden, dass es rätselhaft erscheint, dass eine erlittene Verletzung vorbeugend wirkt.

Es soll hier aber, Freud folgend, jenes sich traumatisch Einschreibende erst einmal liegen gelassen und später wieder aufgesammelt werden.

8.4. Die erspielte Abwesenheit

Wenden wir uns mit Freud dem Kinderspiel zu, oder genauer der Analyse eines für Freud paradigmatischen Kinderspiels, dem Fort-Da-Spiel.

In ihm wiederholt ein eineinhalbjähriges Kind seine Ausgeliefertheit an den Wechsel zwischen An- und Abwesenheit der geliebten Mutter, indem es seine symbolisierte Mutter in Form einer an einen Bindfaden gebundene Spule wegwirft und wieder an sich heranholt (vgl. Freud 1920g, S. 13).

> Die Analyse eines solchen einzelnen Falles ergibt keine sichere Entscheidung; bei unbefangener Betrachtung gewinnt man den Eindruck, daß das Kind das Erlebnis aus einem anderen Motiv zum Spiel gemacht hat. Es war dabei passiv, wurde vom Erlebnis betroffen und bringt sich nun in eine aktive Rolle, indem es dasselbe, trotzdem es unlustvoll war, als Spiel wiederholt. (Freud, 1920g, S. 13)

Als bedeutsamstes Moment des Spiels deutet Freud den Positionswechsel des Kindes vom die Situation der Abwesenheit passiv Erleidenden in den aktiv Gestaltenden der Situation.

> Wir werden so davon überzeugt, daß es auch unter der Herrschaft des Lustprinzips Mittel und Wege genug gibt, um das an sich Unlustvolle zum Gegenstand der Erinnerung und seelischen Bearbeitung zu machen. (Freud, 1920g, S. 15)

Es lassen sich an dieser Weise der seelischen Bearbeitung zwei Aspekte differenzieren. Der eine ist der Hinweis auf das Niveau des Leidens, das mit der Ausgeliefertheit an die Abwesenheit der Mutter einhergeht. Es lässt sich also schon hier vermuten, dass Freud in ihm die Reaktion auf einen gebieterischen Vorgang im Psychischen sieht. Das andere ist ein impliziter Verweis, der sich im kindlichen Begriff des Fort-Seins schon sprachlich ankündigt, nämlich dass die Abwesenheit der Mutter symbolisch wiederholt wird, um die entstandene Leere zu überformen. Man könnte auch sagen, dass der erste spielerisch-lustvolle Ausdruck des Kindes die symbolische Überformung einer unabwendbaren Abwesenheit der Mutter ist.

8.5. Der Modus des Wiederholungszwangs als Widerstand gegen den Sog der Abwesenheit

Die Erinnerung des Verdrängten gehört zu den primären Zielen der psychoanalytischen Behandlung, und ist doch zum größten Teil nicht erreichbar über einen mit Recht als Erinnern zu bezeichnenden, psychischen Vorgang, sondern größtenteils nur über den Umweg der Wiederholung des Verdrängten als gegenwärtiges Erlebnis (vgl. Freud, 1920g, S. 16).

> Um diesen »Wiederholungszwang«, der sich während der psychoanalytischen Behandlung der Neurotiker äußert, begreiflicher zu finden, muß man sich vor allem von dem Irrtum frei machen, man habe es bei der Bekämpfung der Widerstände mit dem Widerstand des »Unbewußten« zu tun. Das Unbewußte, das heißt das »Verdrängte«, leistet den Bemühungen der Kur überhaupt keinen Widerstand, es strebt ja selbst nichts anderes an, als gegen den auf ihm lastenden Druck zum Bewußtsein oder zur Abfuhr durch die reale Tat durchzudringen. (Freud, 1920g, S. 17)

Das, was nach Freud Widerstand leistet, sind die höheren Schichten, die ursächlich auch für die Verdrängung zuständig waren. Sie sind es, die in der psychoanalytischen Behandlung auch weiterhin dafür Sorge tragen, dass sich ins Bewusstseinsfähige nichts einschleicht, das mit dem Lustanspruch des Ich nicht vereinbar ist. Freud zeichnet hier noch einmal das antagonistische Wirken der Prinzipien (Lust- und Realitätsprinzip) nach.

> Es ist klar, daß das meiste, was der Wiederholungszwang wiedererleben läßt, dem Ich Unlust bringen muß, denn er fördert ja Leistungen verdrängter Triebregungen zutage, aber das ist Unlust, die wir schon gewürdigt haben, die dem Lustprinzip nicht widerspricht, Unlust für das eine System und gleichzeitig Befriedigung für das andere. Die neue und merkwürdige Tatsache aber, die wir jetzt zu beschreiben haben, ist, daß der Wiederholungszwang

> auch solche Erlebnisse der Vergangenheit wiederbringt, die keine Lustmöglichkeit enthalten, die auch damals nicht Befriedigungen, selbst nicht von seither verdrängten Triebregungen, gewesen sein können. (Freud, 1920g, S. 18)

Seine erste Verschiebung der Gewichtung in der Betrachtung des Prozesses von Erregungsreduktion hin zu einem bedeutsameren Ziel von allem Psychischen in der Erregungslosigkeit hatte auf den Rahmen aufmerksam gemacht, in dem seine folgende Erörterung einzubetten war.

Jene traumatischen Neurosen mit ihrem merkwürdigen Zwang zur Wiederholung der schmerzvollen Situation, welche sich am wirkmächtigsten vor allem als Drohung zeigte, diente Freud dann als Folie, vor der er nachvollziehbar machen konnte, dass sich Unlust sogar in den Traum einschreibt und das Ich sich masochistisch gebärdet.

Von dort zum Kinderspiel zu kommen, das die Abwesenheit der Mutter immer wieder wiederholt, um Unlust in Lust zu verwandeln, vor allem aber, um die Abwesenheit symbolisch zu überformen, oder besser, um sich in sie anders, nämlich aktiv, einzuschreiben, war es schon leichter. Dem Kind schien im Spiel zu gelingen, was dem Träumer vielleicht in seiner immer wieder erneuten Auslieferung an die feindliche Welt misslang.

Mit der generellen Analyse des Übertragungsgeschehens der psychoanalytischen Therapie, in welchem sich ein Erinnern des für das Ich Unlustvollen einstellte, holte

Freud das Traumatische und das Lustvoll-Spielerische mit in das allgemein Neurotische hinein. Und mit einem Ausblick auf kulturelle Formen des Wiederholungszwangs konnte er ihn dann sogar im allgemein Menschlichen beheimaten.

> Man denke zum Beispiel an die Geschichte jener Frau, die dreimal nacheinander Männer heiratete, die nach kurzer Zeit erkrankten und von ihr zu Tode gepflegt werden mußten. Die ergreifendste poetische Darstellung eines solchen Schicksalszuges hat Tasso im romantischen Epos »Gerusalemme liberata« gegeben. Held Tankred hat unwissentlich die von ihm geliebte Clorinda getötet, als sie in der Rüstung eines feindlichen Ritters mit ihm kämpfte. Nach dem Begräbnis dringt er in den unheimlichen Zauberwald ein, der das Heer der Kreuzfahrer schreckt. Dort zerhaut er einen hohen Baum mit seinem Schwerte, aber aus der Wunde des Baumes strömt Blut und die Stimme Clorindas, deren Seele in diesem Baum gebannt war, klagt ihn an, daß er wiederum die Geliebte geschädigt habe. (Freud, 1920g, S. 21)

Als erste Fingerzeige für das, was hinter dem Wiederholungszwang aufscheint, hatten wir im Fort-Da-Spiel die Abwesenheit der Mutter gefunden so wie in der traumatischen Reaktion des Individuums auf eine ins Bewusstsein einbrechende gefährliche Situation, primär die Drohung der Gefahr, die wir auch ausgefüllt fanden mit der Drohung des Schmerzes.

Wie weit und vor allem wie diese Drohung des Schmerzes für Freud wirklich hinter dem Wiederholungszwang steht, soll als Frage durch die nächsten Kapitel führen.

8.6. Die Wiederkehr von Systemen

Zur Struktur des Psychischen, und über sie zur Struktur physiologischer Systeme, hat Freud einiges zu sagen und in Teilen auch erneut einzuführen.

Freud differenziert das Psychische im Kapitel 4 von *Jenseits des Lustprinzips* in Bezug auf seine Wahrnehmungsaufgaben und noch weitergehend vor allem in Bezug auf seine physiologischen Möglichkeiten zur Erregungsweiterleitung als auch Reduktion.

> Da das Bewußtsein im wesentlichen Wahrnehmungen von Erregung liefert, die aus der Außenwelt kommen, und Empfindungen von Lust und Unlust, die nur aus dem Inneren des seelischen Apparates stammen können, kann dem System W-Bw eine räumliche Stellung zugewiesen werden. Es muß an der Grenze von außen und innen liegen, der Außenwelt zugekehrt sein und die anderen psychischen Systeme umhüllen. (Freud, 1920g, S. 23)

Es scheint, als würde Freud einerseits explizit auf *die Traumdeutung* zurückgreifen, aber andererseits implizit Vorstellungen von Systemen und Erregungen aus dem *Entwurf einer Psychologie* wiedereinführen.

Im Entwurf einer Psychologie war die räumliche Systemordnung so geformt, dass sie den Forderungen der Erregungen in Quantität und Qualität am ehesten entsprach. Innen und außen wurde am differenziertesten unterteilt nach Angaben über ihre unterschiedlichen Erregungsqualitäten. Freud schien so dem Problem von physiologischen Erregungsquantitäten, die neuronale Strukturen verändern können, und Qualitäten in Form von Amplituden, die sich über alle Systeme hinweg fortsetzen können, Rechnung zu tragen.

Das Modell der *Traumdeutung* war eher gestaltet nach der Maßgabe des Lustprinzips und den Forderungen der Realität, die sich gemeinsam und gegeneinander in Form von Erinnerung ins System sollten einschreiben können. Die Differenz der beiden Ansätze ließe sich dem folgend vor allem darin finden, dass das Modell der *Traumdeutung* nicht nach Erregung und ihrer Quantität und Qualität und ihren Forderungen an Systeme fragt, sondern nach Lust und Unlust und ihrer Erinnerbarkeit/Wahrnehmbarkeit zwischen Innen und Außen.

Es überrascht jedoch nicht, dass sich Überlegungen zu der im *Jenseits des Lustprinzips* geäußerten räumlichen Ordnung der Systeme zueinander, die ja *die Traumdeutung* referieren, auch in einem kurz nach der brieflichen Niederschrift des Entwurfes *einer Psychologie* verfassten Brief an seinen Freund W. Fließ finden. Es ließe sich daraus ableiten, dass die Modellvorstellungen im Brief als Übergang zwischen dem Modell des Psychischen Apparates aus dem *Entwurf einer Psychologie* und der *Traumdeutung*, also auch dem Modell aus *Jenseits des Lustprinzips*, gedeutet werden könnten. Um dies zu verdeutlichen, soll die Modellvorstellung des Psychischen

Apparates aus dem Brief hier noch einmal wiedergegeben und dann mit dem der *Traumdeutung* verglichen werden.

8.6.1. Der Brief an W. Fließ vom 1. Januar 1896

Freud (vgl. 1985, S. 164ff) erwähnt in ihm einige Bemerkungen von Fließ zum Problem der Migräne, die ihn auf Ideen gebracht hätten. Diese Ideen scheinen Freud dazu zu bewegen, die räumliche Ordnung der Systeme φ, ψ, ω vollständig umarbeiten zu wollen. Im Brief umreißt er aber nur kurz, was dies für die räumliche Ordnung bedeuten würde, und nennt einige Gründe dafür. Was sich ableiten lässt ist, dass die Systeme φ, ψ, ω nicht in der referierten Reihenfolge zueinanderstehen, sondern das System ω zwischen die andern beiden geschoben werden muss.

Im Brief geht Freud davon aus, dass es zwei Arten von Nervenendigungen gibt. Freie, weil frei von Nervenendapparaten, und aus dem Körperinneren stammende, welche nur Quantität aufnehmen und diese, sich summierend, weiterleiten ins System ψ. Dieses, welches, wie Freud topologisch festgelegt hat, nicht mit außen in Verbindung steht, kann also zum Teil als Reservoir verstanden werden, in dem diese Quantität aufgehoben ist. Die Freien haben hierbei jedoch keine Macht, Empfindungen hervorzurufen. Sie wirken also nicht auf ω, sind also nicht bewusstseinsfähig. Die Summation bedeutet in diesem Fall, dass die Neuronen-Bewegung ihren monotonen Charakter beibehält. Dies ist der Weg für alle Energie. Energie, die in diesem Brief noch nicht libidinöse genannt wird, aber schon als sexuelle gekennzeichnet ist, (vgl. Freud, 1950c, S. 478). Die Nervenbahnen, die in Endorganen münden, leiten Qualität, nicht Quantität. Sie versetzen die Neuronen in ψ in Erregung, fügen keine Summe von Q als Besetzung bei.

> Das Zusammentreffen dieser mindesten Quantitäten mit der ihnen getreulich übertragenen Qualität vom Endorgan her ist wieder die Bedingung für die Entstehung von Bewußtsein. Ich schiebe jetzt (in meinem neuen Schema) diese ω Neuronen zwischen die φ und die ψ Neuronen ein, so dass φ seine Qualität an ω überträgt, ω jetzt an ψ weder Qualität noch Quantität überträgt, sondern ψ nur anregt, d.h. der freien ψ [aus dem System ψ hervorgehenden] Energie ihre Wege anweist. (Freud, 1950c, S. 478-479)

10. Graphik,
Modell entsprechend den Änderungen der räumlichen Ordnung der Systeme φ, ω, und ψ aus dem Brief an Fließ vom 1. Januar 1896

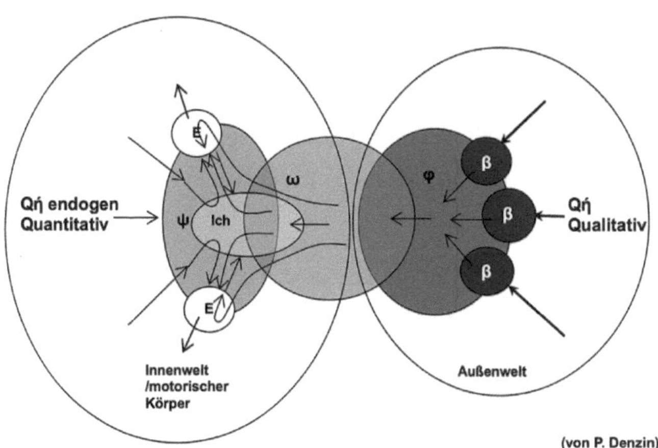

β = Nervenendapparate
Er = Erinnerungsbild

In das folgende Modell (10. Graphik) fließen mehrere Überlegungen ein. Zum einen orientiert es sich an dem *Entwurf einer Psychologie* und der in ihm definierten Funktion der einzelnen Systeme. Zum anderen findet sich die räumliche Anordnung so wiedergegeben, wie sie im Brief an Fließ von Freud gedacht ist. Das Ich und die durch dieses verlaufenden Pfeile, die zu Erinnerungsbildern zeigen und von diesen wieder zurückführen, stellen die Begegnung mit der befriedigenden Außenwelt bzw. stellen das Befriedigungserlebnis (die spätere Erinnerungsspur) selbst dar.

8.6.2. Der psychische Apparat der *Traumdeutung* im *Jenseits des Lustprinzips*

Kehren wir zurück zu *Jenseits des Lustprinzips*. Freud nimmt hier die Überlegung, dass die Fähigkeit eines Systems zur bewussten Wahrnehmung nicht mit Erinnern einhergehen kann, wieder auf. Freud greift hier explizit auf sein Modell aus der *Traumdeutung* zurück. In ihr hatte Freud die Struktur des psychischen Apparates so konstruiert:

> Das erste, was uns auffällt, ist daß dieser aus ψ-Systemen zusammengesetzte Apparat eine Richtung hat. All unsere psychische Tätigkeit geht von (innen oder äußeren) Reizen aus und endigt in Innervationen. Somit schreiben wir dem Apparat ein sensibles und ein motorisches Ende zu; an dem sensiblen Ende befindet sich ein System, welches die Wahrnehmung empfängt, am motorischen Ende ein

> anderes, welches die Schleusen der Motilität eröffnet. Der psychische Vorgang verläuft im allgemeinen vom Wahrnehmungsende zum Motilitätsende. Das allgemeinste Schema des psychischen Apparates hätte also folgendes Ansehen (Fig. 1): (Freud, 1900a, S. 542)

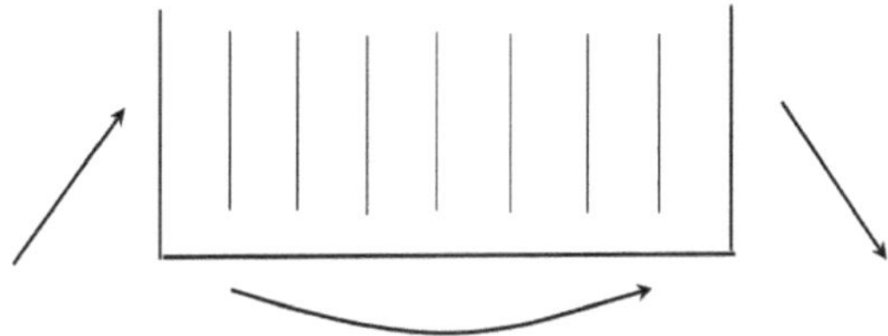

(Vgl. Freud, 1900a, S. 542, Anm. P. D.: W steht für Wahrnehmung und M für Motilität)

Um mit diesem Modell nicht nur der Wahrnehmung Rechnung zu tragen, sondern auch die Erinnerungsfähigkeit ins Modell einzuzeichnen, veränderte Freud dieses Modell.

> Der Reflexvorgang bleibt das Vorbild auch aller psychischen Leistungen. [Absatz, P. D.] Wir haben Grund, am sensiblen Ende eine erste Differenzierung eintreten zu lassen. Von den Wahrnehmungen, die an uns heran-

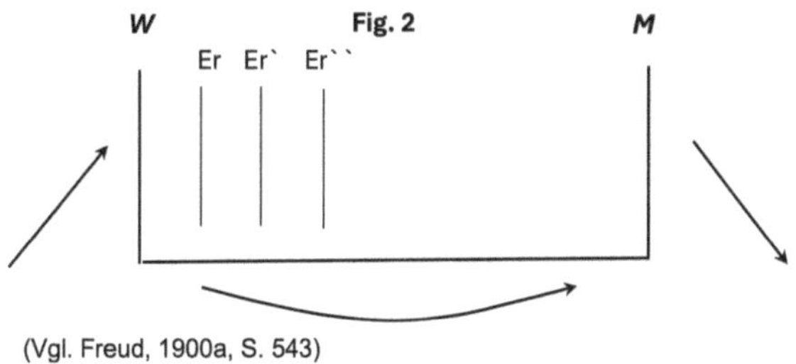

(Vgl. Freud, 1900a, S. 543)

> kommen, verbleiben in unseren psychischen Apparat eine Spur, die wir »Erinnerungsspur« heißen können. Die Funktion, die sich auf diese Erinnerungsspur bezieht, heißen wir ja »Gedächtnis«. (Freud, 1900a, S. 543)

Versucht man diese beiden Modelle, das der *Traumdeutung* und das des Briefes an W. Fließ, in Einklang zu bringen, dann wäre man vor das Problem gestellt, zwei Ebenen des psychischen Geschehens als ineinandergreifend darstellen zu müssen. Dies wirft die Frage auf, wie geschieht das, und vor allem, welche Bereiche greifen ineinander? Als wohl klarster Hinweis kann gelten, dass in beiden Modellen ein Psychisches zwischen Außen oder Außenwelt und Innen oder Endogenem sowie auch zwischen Wahrnehmung und Motilität situiert wird. Nimmt man die Achse Wahrnehmung und Motilität, dann findet sich das Modell des Briefes gut ein auf der Ebene der Erinnerungsspur der Fig. 2 aus der *Traumdeutung*. Visualisieren lässt sich dies durch Hinzuziehung der 3. räumlichen Ebene, auf der dies stattfinden würde. Dem Außen und dem Innen als Erregungsquelle wäre damit aber jede Differenzierung abhandengekommen. Erregung würde ausschließlich über die Wahrnehmung ins System des Psychischen gelangen. Um dieser Vereinfachung entgegenzuwirken, soll deshalb ein Pfeil, der von unten auf die Ebenen der Erinnerungspuren zeigt, die Erregung aus dem Inneren darstellen. Da Freud sowohl im Modell des Entwurfes *einer Psychologie* als auch in dem Modell des Briefes diesen inneren/endogenen Reizquellen Rechnung trägt, verlängern wir also nur eine Komponente aus dem einen Modell in das andere.

Diesem Modell (11. Graphik) ließe sich aber dennoch vorwerfen, dass es versucht, zwei Modelle in eines zu fügen, ohne deren unterschiedliche Bezüge zu berücksichtigen. Das Modell des Entwurfes *einer Psychologie* bzw. das des Briefes an W. Fließ beanspruchen, in Grenzen als Repräsentanten eines physiologischen Geschehens betrachtet zu werden. Das Modell der *Traumdeutung* bildet demgegenüber psychische Prozesse ab, die wohl am ehesten auf mögliche physiologische Prozesse verweisen, aber nicht in Anspruch nehmen, für diese zu stehen. Mit Freuds Überlegungen aus *Jenseits des Lustprinzips* lässt sich jedoch gut zeigen, dass das Modell der *Traumdeutung* sich physiologischen Begründungsansätzen stellen muss.

Das folgende Zitat scheint es drüber hinaus plausibel zu belegen, dass Freud ein ähnliches Ineinander-Greifen der Modellvorstellungen konstruieren will.

> Wir haben bisher ausgeführt, daß das lebende Bläschen mit einem Reizschutz gegen die Außenwelt ausgestattet ist. Vorhin hatten wir festgelegt, daß die nächste Rindenschicht desselben als Organ zur Reizaufnahme von außen differenziert sein muß. Diese empfindliche Rindenschicht, das spätere System Bw, empfängt aber auch Erregung von innen her; die Stellung des Systems zwischen außen und innen und die Verschiedenheit der Bedingungen für die Einwirkung von der einen und der andern Seite werden maßgebend für die Leistung des Systems und des ganzen seelischen Apparates. Gegen außen gibt es einen Reiz-

> schutz, die ankommenden Erregungsgrößen werden nur in verkleinertem Maßstab wirken; nach innen zu ist der Reizschutz unmöglich, die Erregung der tieferen Schichten setzten sich direkt und in unverringertem Maße auf das System fort, indem gewisse Charaktere ihres Ablaufes die Reihe der Lust-Unlustempfindungen erzeugen. Allerdings werden die von innen kommenden Erregungen nach ihrer Intensität und nach anderen qualitativen Charakteren (eventuell nach ihrer Amplitude) der Arbeitsweise des Systems adaequater sein als die von der Außenwelt zuströmenden Reize. Aber zweierlei ist durch diese Verhältnisse entscheidend bestimmt, erstens die Praevalenz der Lust- und Unlustempfindungen, die ein Index für Vorgänge im Innern des Apparates sind, über alle äußeren Reize, und zweitens eine Richtung des Verhaltens gegen solche inneren Erregungen, welche allzu große Unlustvermehrung herbeiführen. Es wird sich die Neigung ergeben, sie so zu behandeln, als ob sie nicht von innen, sondern von außen her einwirken, um die Abwehrmittel des Reizschutzes gegen sie in Anwendung bringen zu können. Dies ist die Herkunft der Projektion, der eine so große Rolle bei der Verursachung pathologischer Prozesse vorbehalten ist.
> (Freud, 1920g, S. 28-9)

Neben der komplizierten Einbindung der räumlich unterschiedlichen Reizquellen und ihrer verschiedenen Berührungspunkte mit dem psychischen Apparat, worauf schon hingewiesen wurde, findet sich hier noch ein Verweis auf einen das erste Mal wiederum im *Entwurf einer Psychologie* angedeuteten Umstand. Dort findet sich die Erörterung des Problems der Wiederbesetzung eines feindlichen Erinnerungsbildes durch Assoziation und mit Erregung,

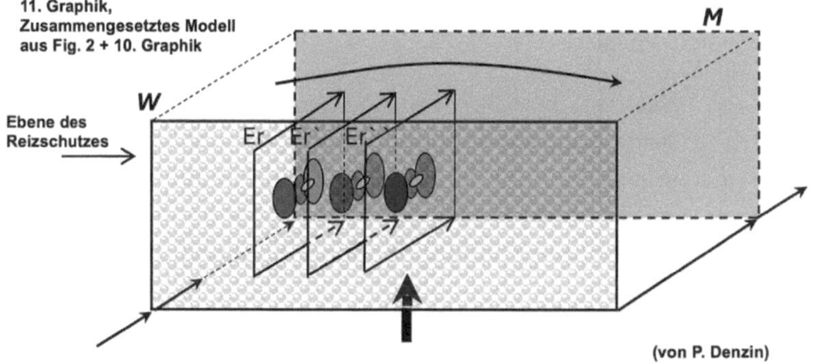

entstammend aus endogenen Quellen. Diesem Prozess attestiert Freud potenziell biologisch schädigende Züge.

> ... die Unlustentbindung ist es wenigstens jedesmal, wenn die Besetzung des feindlichen Erinnerungsbildes nicht von der Außenwelt, sondern von ψ selbst aus erfolgt (durch Assoziation). Es handelt sich also auch hier um ein Zeichen, W (Wahrnehmung) von Er[innerung] (Vorstellung) zu unterscheiden. (Freud, 1950c, S. 420)

Das Ich ist eines, was Erregung aus dem Inneren auf lustvolle Objekte leitet. Dadurch wird es. Es nimmt die Objekte über Bahnungen zu Mantelneuronen in seine Struktur auf. Das, finden wir, ist ein narzisstisch vergrößertes Ich. So gestaltet und als Entwicklungsposition des Kindes vollzieht es Normales. Jedoch als Position, auf die sich das Ich fixiert und diese so bis zum Alter des Erwachsenen erhält, erscheint es uns pathologisch.

Das Narzisstische in diesem Gestalten der eigenen Struktur, die sich nach dem *Entwurf einer Psychologie* als gegeneinander gut gebahnte Neuronen bildet, verhält sich wie in...

> einer ursprünglichen Libidobesetzung des Ichs, von der später an die Objekte abgegeben wird, die aber, im Grunde genommen, verbleibt und sich zu den Objektbesetzungen verhält wie der Körper eines Protoplasmatierchens zu den von ihm ausgeschickten Pseudopodien. (Freud, 1914c, S. 140-1)

Mit diesem Kontext wird deutlich, was Freud mit der *Herkunft* der Projektion (vgl. Freud, 1920g, S. 29) meinen könnte.

Die Fähigkeit, das Projektive von der Realität unterscheiden zu können, gründet nach Freud vor allem auf der steigenden Intensität und zeitlichen Dauer von Realitätszeichen aus der Außenwelt und der zunehmenden Fähigkeit zur differenzierenden Wahrnehmung derselben, was auf der Ebene der Erregungen die Erregungsweiterleitung mittels Anziehung durch Assoziation ist. Die Objektgenese kann, diesem Gedanken folgend, als Konstruktionsprozess verstanden werden, sowohl einer intersubjektiv teilbaren Welt als auch einer inneren Struktur, die diese schafft und an der sie sich abgleicht. Für die Objekte (Mutter, Vater, Welt) bedeutet dies, immer vollständiger erkannt zu werden, und für das Ich sich selbst verzerrungsfreier wahrnehmen zu können. Auf der Ebene des Subjekts bedeutet dies, Proportionsverschiebungen von Erinnerungsobjekten hin zu größerem Einklang mit intersubjektiv teilbaren Realitäten zu erleben. Beide Prozesse, im Subjekt und im Objekt, werden wohl zusammengefasst in der Vorstellung vom normalen Entwicklungsprozess eines familiären Systems, das im besten Falle von Dissonanz zu Einklang findet, ohne je Kongruenz zu simulieren.

An dieser Stelle lässt sich sagen, dass das Modell eines Psychischen Apparates in *Jenseits des Lustprinzips* ein verdichtetes Modell ist, also versucht, allen Kräften, die bis zu diesem Zeitpunkt als wirkmächtig definiert wurden, Rechnung zu tragen. Plausibel ist es sicherlich nur unter der Voraussetzung, dass alle Überträge aus Zitaten und die an ihnen abgeleiteten Begründungen, die für seine Existenz herhalten sollen, nachvollziehbar sind.

Was aber hat es Freud für die Analyse dessen, was *Jenseits des Lustprinzips* wirkt, gebracht?

> Ich habe den Eindruck, daß wir durch die letzten Überlegungen die Herrschaft des Lustprinzips unserem Verständnis angenähert haben; eine Aufklärung jener Fälle, die sich ihm widersetzten, haben wir aber nicht erreicht. Gehen wir darum einen Schritt weiter. Solche Erregungen von außen, die stark genug sind, den Reizschutz zu durchbrechen, heißen wir traumatische. Ich glaube, daß der Begriff des Traumas eine solche Bezeichnung auf eine sonst wirksame Reizabhaltung erfordert. (Freud, 1920g, S. 29)

Das Trauma scheint den Boden zu bereiten für die Wiederaufnahme des Wirkens von Schmerz im Psychischen Apparat. Nachdem Freud im *Entwurf einer Psychologie* sich diesem Schmerzvollen eingehend gewidmet hatte, fand es nur noch wenig Eingang in sein Werk. Die

Folge der Wiederaufnahme ist eine Erweiterung seines Modells. Diese Erweiterung muss das Wirken von Traumatischem, also Schmerz und der Drohung von Schmerz/Gefahr in großer Dosis oder biologisch schädigendem Niveau, auffangen.

Es sei noch einmal in Erinnerung gerufen, was Freud über den Schmerz im *Entwurf einer Psychologie* schrieb.

> Der Schmerz erzeugt eine ψ 1. große Niveausteigerung, die von ω als Unlust empfunden wird, 2. eine Abfuhrneigung, die nach gewissen Richtungen modifiziert sein kann, 3. eine Bahnung zwischen dieser und einem Erinnerungsbild des schmerzerregenden Objektes. Es ist überdies keine Frage, daß der Schmerz eine besondere Qualität hat, die sich neben der Unlust geltend macht. (Freud, 1950c, S. 413)

Dieser Schmerz scheint im Vergleich zum blitzartigen Schmerz ein anderer,

> wie wenn der Blitz durchgeschlagen hätte, Bahnungen, die möglicherweise den Widerstand der Kontaktschranken völlig aufheben und dort einen Leitungsweg etablieren, wie er in φ besteht. (Freud, 1950c, S.400)

Und so stellt sich der seelische Apparat dem Trauma entgegen.

> Ein Vorkommnis wie das äußere Trauma wird gewiß eine großartige Störung im Energiebetrieb des Organismus hervorrufen und alle Abwehrmittel in Bewegung setzen. Aber das Lustprinzip ist dabei zunächst außer Kraft gesetzt. Die Überschwemmung des seelischen Apparates mit großen

> Reizmengen ist nicht mehr hintanzustellen; es ergibt sich vielmehr eine andere Aufgabe, den Reiz zu bewältigen, die hereingebrochene Reizmenge psychisch zu binden, um sie dann der Erledigung zuzuführen.
>
> Wahrscheinlich ist die spezifische Unlust des körperlichen Schmerzes der Erfolg davon, daß der Reizschutz in beschränktem Umfang durchbrochen wurde. Von dieser Stelle der Peripherie strömen dann dem seelischen Zentralapparat kontinuierliche Erregung zu, wie sie sonst nur aus dem Innern des Apparates kommen konnte. Und was können wir als Reaktion des Seelenlebens auf diesen Einbruch erwarten? Von allen Seiten her wird die Besetzungsenergie aufgeboten, um in der Umgebung der Einbruchstelle entsprechend hohe Energiebesetzungen zu schaffen. Es wird eine großartige »Gegenbesetzung« hergestellt, zu deren Gunsten alle anderen psychischen Systeme verarmen, so daß eine ausgedehnte Lähmung oder Herabsetzung der sonstigen psychischen Leistung erfolgt. (Freud, 1920g, S. 29, 30)

Die Eindämmung der Durchbruchstelle, diese Metapher, die uns dem Deichbau entliehen scheint, bezeichnet hier darüber hinaus sicherlich wieder *»das Grundgesetz der Assoziation durch Gleichzeitigkeit«* (Freud, 1950c, S. 411). Die kontinuierlich strömende Erregung (die immer schon aus dem Inneren und nun auch dem Außen kommt), die durch hohe Gegenbesetzung (der anliegenden Neuronen) umgeleitet wird oder gebunden, das unwillkürliche Wiederholen des Traumatischen ins bewusste Erleben, welches sich dadurch erst als Traumatisches zu erkennen gibt, das Träumen im Sein, bevor die Herrschaft des Lustprinzips einsetzt (vgl. 1920g, Freud, S. 32), all dies ist der Versuch den Schreck, den Schock oder den unvermittelten Schmerz zu umfassen, zu kennen, letztendlich zu benennen und zu binden.

Noch kurz zum Traum, jenem primären Motiv des Künstlers: dem Lustprinzip. Auch ihm hilft die lustvolle Verlängerung des Libidinösen nicht über das Abgründige des Schrecks hinweg. Er scheint primär, vorrangig.

> Aber die obenerwähnten Träume der Unfallneurotiker lassen sich nicht mehr unter den Gesichtspunkt der Wunscherfüllung bringen, und ebensowenig die in den Psychoanalysen vorfallenden Träume, die uns die Erinnerung der psychischen Traumen der Kindheit wiederbringen. Sie gehorchen vielmehr dem Wiederholungszwang, der in der Analyse allerdings durch den von der »Suggestion« geförderten Wunsch, das Vergessene und Verdrängte heraufzubeschwören, unterstützt wird. So wäre also auch die Funktion des Traumes, Motiv zur Unterbrechung des Schlafes durch die Wunscherfüllung der störenden Regungen zu beseitigen, nicht seine ursprüngliche; er konnte sich ihrer erst bemächtigen, nachdem das gesamte Seelenleben die Herrschaft des Lustprinzips angenommen hatte. Gibt es ein »Jenseits des Lustprinzips«, so ist es folgerichtig, auch für die wunscherfüllende Tendenz des Traumes eine Vorzeit anzunehmen. (Freud, 1920g, S. 32, 33)

Abschließend lässt sich also sagen, dass sich der psychische Apparat seit der *Traumdeutung* mit dem Wieder-Gefundenen aus dem *Entwurf einer Psychologie* zu einem Lust suchenden Apparat schichtet, indem er kontinuierlich fließende Erregung bindet (vgl. Freud, 1920g, S. 29; Freud, 1950c, S. 408) bzw. Traumatisches am verloren gegangenen Objekt wieder erkennt.

8.7. Ungebundenes im Primärvorgang oder die Drohung des Verlöschens als urzeitliches Erlebnis

> Vielleicht finden wir die Annahme nicht zu gewagt, daß die von den Trieben ausgehenden Regungen nicht Typus des gebundenen, sondern den des frei beweglichen, nach Abfuhr drängenden Nervenvorgangs einhalten. Das Beste, was wir über diese Vorgänge wissen, rührt aus dem Studium der Traumarbeit her. Dabei fanden wir, daß die Prozesse in den unbewußten Systemen von denen in den (vor)bewußten gründlich verschieden sind, daß im Unbewußten Besetzungen leicht vollständig übertragen, verschoben, verdichtet werden können, was nur fehlerhafte Resultate ergeben könnte, wenn es an vorbewußtem Material geschähe, und was darum auch die bekannten Sonderbarkeiten des manifesten Traums ergibt, nachdem die vorbewußten Tagesreste die Bearbeitung nach den Gesetzen des Unbewußten erfahren haben. Ich nannte die Art dieser Prozesse im Unbewußten den psychischen »Primärvorgang« zum Unterschied von dem für unser normales Wachleben gültigen Sekundärvorgang. (Freud, 1920g, S. 35,36)

Im Folgenden wendet sich Freud der Verzahnung der beiden psychischen Vorgänge miteinander zu. Im Abschnitt 7 der *Traumdeutung* hatte er sich schon eingehend mit dem Wesen des Primär- und Sekundärvorgangs beschäftigt, und in der Weise, wie sie miteinander verwoben sind, das Charakteristische des Träumens entdeckt. Ihre Verzahnung ist die Verzahnung des latenten

Traumgedankens mit dem manifesten Trauminhalt. Und auch in der *Traumdeutung* finden sich Hinweise, die es nahelegen, dass Freud davon ausgeht, dass die Vermeidung des Schmerzes, den ein ursprüngliches Schreckerlebnis generiert, das ursprünglichste Handeln im Psychischen ist.

> Suchen wir uns das Gegenstück zum primären Befriedigungserlebnis auf, das äußere Schreckerlebnis. Es wirkt ein Wahrnehmungsreiz auf den primitiven Apparat ein, der die Quelle einer Schmerzerregung ist. Es werden dann so lange ungeordnete motorische Äußerungen erfolgen, bis eine derselben den Apparat der Wahrnehmung und gleichzeitig dem Schmerz entzieht, und diese wird bei Wiederauftreten der Wahrnehmung sofort wiederholt werden (etwa als Fluchtbewegung), bis die Wahrnehmung wieder verschwunden ist. Es wird aber keine Neigung übrig bleiben, die Wahrnehmung der Schmerzquelle halluzinatorisch oder anderswie wieder zu besetzen. Vielmehr wird im primären Apparat die Neigung bestehen, dies peinliche Erinnerungsbild sofort, wenn es irgendwie geweckt wird, wieder zu verlassen, weil ja das Überfließen seiner Erregung auf die Wahrnehmung Unlust hervorrufen würde (genauer: hervorzurufen beginnt). Die Abwendung von der Erinnerung, die nicht wie die Wahrnehmung genug Qualität besitzt, um das Bewußtsein zu erregen und hierdurch neue Besetzung an sich zu ziehen. (Freud, 1900a, S. 605, 606)

Es lässt sich wohl auch schon im Bezug zur *Traumdeutung* sagen, dass der Primärvorgang eine Bewegung des Verlassens von Unlustvollem ist. Die Bedeutsamkeit liegt in der Negation. Es ist eine Negation in Form einer

Fluchtbewegung, deren vorerst zielloses Handeln auch noch darauf verweist, dass es das Erlebte nicht kennt. Es kann keine Handlung konstruieren, die tauglich wäre zur Vermeidung des Unlustvollen. Freud zufolge liegt das daran, dass Erinnerungen, die nicht mit Wahrnehmung einhergehen, für das W-Bw nicht genügend Qualität besitzen, wodurch sie einer sekundären Bearbeitung entzogen bleiben. *Das System kann nichts anderes als wünschen* (vgl. Freud, 1900a, S. 606) und folgt somit unwillkürlich der Lust. Die Ausbildung eines zweiten Systems ist zwangsläufig, da mit diesem primären keine Denkleistung vorstellbar ist.

> Es eröffnen sich nun zwei Wege; entweder macht sich die Arbeit des zweiten Systems vom Unlustprinzip völlig frei, setzt ihren Weg fort, ohne sich um die Erinnerungsunlust zu kümmern; oder sie versteht es, die Unlusterinnerung in solcher Weise zu besetzen, daß die Unlustentbindung dabei vermieden wird. Wir können die erste Möglichkeit zurückweisen, denn das Unlustprinzip zeigt sich auch als Regulator für den Erregungsablauf des zweiten Systems; somit werden wir auf die zweite gewiesen, daß dies System eine Erinnerung so besetzt, daß der Abfluß von ihr gehemmt wird, also auch der einer motorischen Innervation vergleichbare Abfluß zur Entwicklung der Unlust. (Freud, 1900a, S. 606, 607)

Die Denkleistung, in deren Gefolge Freud die Denkidentität (vgl. Freud, 1900a, S. 607) verortet, scheint erste Züge des Systems Ich, gleichermaßen abgleichbar am *Ich* im *Entwurf einer Psychologie* und am *Ich* der *Einführung des Narzißmus*, zu haben. Dieses *Ich* findet sich auch wieder im Kapitel 5 von *Jenseits des Lustprinzips*. Nur lässt sich hier sein erstes Geworden-im-Binden-vom-Traumatischen am klarsten ablesen.

> Es wäre dann die Aufgabe der höheren Schichten des seelischen Apparates, die im Primärvorgang anlangende Erregung der Triebe zu binden. Das Mißglücken dieser Bindungen würde eine der traumatischen Neurosen analoge Störung hervorrufen; erst nach erfolgter Bindung könnte sich die Herrschaft des Lustprinzips (und seine Modifikation zum Realitätsprinzip) ungehemmt durchsetzen. (Freud, 1920g, S. 36)

Freuds Begriff des Unlustprinzips kann wohl als Vorgriff auf jenes *Jenseits des Lustprinzips* in der *Traumdeutung* gelesen werden, ohne dass man sich den Vorwurf gefallen lassen muss, das Libidinöse und in Verlängerung desselben, das Wünschen als Motor des Psychischen zu vernachlässigen. Es zeichnet sich aus durch den Umgang mit dem Traumatischen. Aber abgesehen von dieser möglicherweise bloßen Nomenklatur der Ereignisse, die das Psychische generieren, lässt sich doch eines aus diesem Geschehen im Primären ableiten. Es findet über den Wiederholungszwang immer wieder erneut Eingang ins Erleben.

> Der Kranke benimmt sich dabei völlig infantil und zeigt uns so, daß die verdrängten Erinnerungsspuren seiner urzeitlichen Erlebnisse nicht im gebundenen Zustand in ihm vorhanden, ja gewissermaßen des Sekundärvorgangs nicht fähig sind. Dieser Ungebundenheit verdanken sie auch ihr Vermögen, durch Anheftung an die Tagesreste

> eine im Traum darzustellende Wunschphantasie zu bilden. (Freud, 1920g, S. 37)

Diese Ungebundenheit der Erinnerungsspuren muss befremdlich erscheinen, da uns der bisherige Umgang Freuds mit Erinnerungsspuren eher darauf aufmerksam gemacht hatte, dass sich mit ihnen Objekte, die befriedigen, in das erinnerungsfähige System eingeschrieben hatten. Aber die Besetzungen solcher Objekte, ob halluzinatorisch Lust versprechend oder dem Realen folgend und Hemmung und Zeit gedenkend, also in größtmöglicher Abstimmung mit einem Möglichen, war Ausdruck der geglückten Bindung des Traumatischen. Die Tatsache, dass sie über alle Strukturbildungen mit dem Ziel der Gegenbesetzungsmöglichkeit diese Ungebundenheit behält, veranlasst Freud zu der Annahme, dass sich darin ein Wesen des Triebes äußert, der so klar bis zu diesem Zeitpunkt nicht erkannt worden ist. Es sei in diesem Zusammenhang verwiesen auf die Bedeutung von Erinnerungsspuren.

> Ein Trieb wäre also ein dem belebten Organischen innewohnender Drang zur Wiederherstellung eines früheren Zustandes, welchen dies Belebte unter dem Einflusse äußerer Störungskräfte aufgeben mußte, eine Art von organischer Elastizität, oder wenn man will, die Äußerung der Trägheit im organischen Leben. (Freud, 1920g, S. 38)

Dieser Erkenntnis folgend, diskutierte Freud Beispiele einiger aus dem Tierleben bekannter konservativer Eigenheiten. So sieht er z. B. in den beschwerlichen Wanderungen von Fischen während der Laichzeit oder den Wanderflügen der Vögel ein Verhalten, das sich mit dem Konstrukt des Wiederholungszwangs als ein triebgesteuertes Wiederaufsuchen artspezifischer Entwicklungsphasen deuten lässt. Ähnliches lässt sich nach Freud auch in der Embryologie finden.

> Wir sehen, der Keim eines lebenden Tieres ist genötigt, in seiner Entwicklung die Strukturen all der Formen, von denen das Tier abstammt – wenn auch nur flüchtiger Abkürzungen – zu wiederholen, anstatt auf dem kürzesten Wege zu seiner definitiven Gestaltung zu eilen, und können dies Verhalten nur zum geringsten Teil mechanisch erklären, dürfen die historische Erklärung nicht beiseite lassen. (Freud, 1920g, S. 38, 39)

Wenden wir uns aber noch einmal dem Ungebundenen zu. Als Schock oder Traumatisches schien es bisher vor allem Ausdruck einer unvermittelt einbrechenden Lebensnot, und Freud schien einfach unterschiedliche Ausgestaltungen dieser drohenden Lebensnot in seinen Schriften zu verfolgen. Seit er aber den Trieb definiert als Drang zur Wiederherstellung eines früheren Zustandes (vgl. Freud, 1920g, S. 38) und über das biographisch Erlebte hinweg Entwicklungspositionen der Art als zu Erreichendes ausmacht, lässt sich annehmen, dass das, was als Lebensnot eher formlos blieb, da es an Gestaltetem nur die Gegenbesetzung und die Bahnungen des Schmerzes übrigließ, nun eine eigene Form und eine eigene Zeit hat. Wobei Zeit und Form über die Evolution aneinander geschmiedet scheinen und sich in den Genen niedergeschrieben finden. Das Wiederaufsuchen auf dem Wege der Ontogenese als auch das sich Ex-negativo Einschreiben ins Psychische finden sich so als Gewordenes und Werdendes einander zugeordnet. Das Treibende hinter ihnen bleibt das vom Ziel und vom Anfang her definierende Leblose bzw. der Tod.

> Wenn wir es als ausnahmslose Erfahrung annehmen dürfen, daß alles Lebende aus inneren Gründen stirbt, ins Anorganische zurückkehrt, so können wir nur sagen: Das Ziel allen Lebens ist der Tod, und zurückreifend: Das Leblose war früher als das Lebende. (Freud, 1920g, S. 40)

8.8. Was ist das Leben?

> Irgend einmal wurde in unbelebter Materie durch eine noch ganz unvorstellbare Krafteinwirkung die Eigenschaft des Lebenden erweckt. Vielleicht war es ein Vorgang, vorbildlich ähnlich jenem anderen, der in einer gewissen Schicht der lebenden Materie später das Bewußtsein entstehen ließ. (Freud, 1920g, S. 40)

Vom Wiederholungszwang bzw. dem Ungebundenen das Werden und das Gewordene zu umfassen und in seinem Wesen als dem Tod geweiht zu erkennen, macht es nun notwendig, zu einem Anfang des Lebendigen überhaupt zurückzukehren, oder es sollte wohl besser heißen, dieses zu konstruieren.

Für die unvorstellbare Krafteinwirkung, die jenen Anfang markiert, gibt uns denn Freud auch gleich eine Analogie, die es einfach zu machen scheint, jenen Moment zu erfassen. Er wählt jenen Moment, in dem sich Erregung zu Bewusstseinsfähigem aufschwingt, was sich in allen Schriften Freuds lesen lässt als etwas, was mehr ist als nur eine Metapher. Im *Entwurf einer Psychologie* findet sich wohl die genauste Darstellung des sich als Schwingung formenden Bewusstseins. Dort wird es gekennzeichnet, indem es sich von quantitativer Erregung als Qualität über seinen ehemals spezifischen Träger hinwegbewegt, als eine Seite die schwingt, also immer wieder in der Lage ist, in einen schwingungslosen, also spannungsfreien Zustand zurückzukehren. So lässt sich auch das folgende Zitat als sprachliche Verdichtung eines Erklärungsmodells des Lebenden und des Bewusstseins lesen.

> Die damals entstandene Spannung in dem vorhin unbelebten Stoff trachtete danach, sich abzugleichen; es war der erste Trieb gegeben, der, zum Leblosen zurückzukehren. (Freud, 1920g, S. 40)

Spannung bezeichnet hier so den veränderten Schwingungszustand der Substanz des Lebens.

> Die damals lebende Substanz hatte das Sterben noch leicht, es war wahrscheinlich nur ein kurzer Lebensweg zu durchlaufen, dessen Richtung durch die chemische Struktur des jungen Lebens bestimmt war. Eine lange Zeit hindurch mag so die lebende Substanz immer wieder neu geschaffen worden und leicht gestorben sein, bis sich maßgebende äußere Einflüsse so änderten, daß sie die noch überlebende Substanz zu immer größeren Ablenkungen

> vom ursprünglichen Lebensweg und zu immer komplizierteren Umwegen bis zur Erreichung des Todeszieles nötigten. Die Umwege zum Tode, von den konservativen Trieben getreulich festgehalten, böten uns heute das Bild der Lebenserscheinungen. (Freud, 1920g, S. 40)

Mit den äußeren Einflüssen wird so aus der spannungsvollen, lebenden Substanz ein Instrument, das fähig wird, in Kommunikation mit einem sich von sich selbst abhebenden Innen und einem Außen sein Selbst dazwischen zu verändern. So generiert es sich selbst und das Außen der Welt neu und anders.[18] Allerdings natürlich nur in den Grenzen der Umwege, die von der Geschichte der Art vorgegeben sind. Zwei generelle Muster in den konservativen Trieben macht Freud noch aus, seine Theorie vom Selbst- als auch Sexualtrieb integrierend.

> Die Triebe, welche die Schicksale dieser das Einzelwesen überlebenden Elementarorganismen in acht nehmen, für ihre sichere Unterbringung sorgen, solange sie wehrlos gegen die Reize der Außenwelt sind, ihr Zusammentreffen mit den anderen Keimzellen herbeiführen usw., bilden die Gruppe der Sexualtriebe. (Freud, 1920g, S. 42)

Die Sexualtriebe finden sich also im Subjekt wieder, die sich selbst in die Unsterblichkeit verlängern, indem sie dafür sorgen, dass die Keimzelle im Sexualakt dem Sterben entrinnt (vgl. Freud, 1920g, S. 42). So sind sie die eigentlichen Lebenstriebe, die den anderen, die ihrer

---

[18] Auf diese Weise findet auch wieder eine zur Steuerung fähige Instanz (Ich) Eingang in die spannungsvolle Substanz.

Funktion nach das Subjekt in den Tod entgleiten lassen, entgegen wirken.

> Es ist wie ein Zauderrhythmus im Leben der Organismen; die eine Triebgruppe stürmt nach vorwärts, um das Endziel des Lebens möglichst bald zu erreichen, die andere schnellt an gewissen Stellen dieses Weges zurück, um ihn von einem bestimmten Punkt an nochmals zu machen und so die Dauer des Weges zu verlängern. (Freud, 1920g, S. 43)

8.9. Der sekundäre Sadismus oder wie die Drohung des Verlöschens die Welt erkennt

War es Freud bis hierher gelungen, das *Ich* und seine Gebärden als Ausdruck des Bindens von Traumatischem/Todestriebhaftem zu kennzeichnen und das Werden des Subjekts als Werden auf dem Umweg zum Tod zu verorten, so tritt er im Kapitel 6 von *Jenseits des Lustprinzips* die Begründung eines Todestriebes zum einen über eine Rekapitulation biologischer Forschungsergebnisse und philosophischer Erkenntniszusammenhänge an, zum anderen, und das ist für diese Erörterung bedeutsamer, indem er dem Todestrieb einen Platz in der Genese der individuellen Sexualentwicklung zuweist.

> Wie soll man aber den sadistischen Trieb, der auf die Schädigung des Objektes zielt, vom lebenserhaltenden Eros ableiten können? Liegt da nicht die Annahme nahe, daß dieser Sadismus eigentlich ein Todestrieb ist, der durch den Einfluß der narzißtischen Libido vom Ich abge-

> drängt wurde, so daß er erst am Objekt zum Vorschein kommt? Er tritt dann in den Dienst der Sexualfunktion; im oralen Organisationsstadium der Libido fällt die Liebesbemächtigung noch mit der Vernichtung des Objekts zusammen, später trennt sich der sadistische Trieb ab und endlich übernimmt er auf der Stufe des Genitalprimats zum Zwecke der Fortpflanzung die Funktion, das Sexualobjekt so weit zu bewältigen, als es die Ausführung des Geschlechtsaktes erfordert. Ja, man könnte sagen, der aus dem Ich herausgedrängte Sadismus habe den libidinösen Komponenten des Sexualtriebes den Weg gezeigt; späterhin drängt dieser zum Objekt nach. Wo der ursprüngliche Sadismus keine Ermäßigung und Verschmelzung erfährt, ist die bekannte Liebe-Haß-Ambivalenz des Liebeslebens hergestellt. (Freud, 1920g, S. 58)

Diese Darlegung ermöglicht es, hier noch einmal auf die Modelldarstellungen des Psychischen Apparates einzugehen und den Versuch zu wagen, den Todestrieb in ihm einzuzeichnen. Zuerst einmal im Modell des Ich, wie wir es als (narzisstische) Erweiterung des Modells aus dem *Entwurf einer Psychologie* kennen (S. 146):

Über dieses Modell lässt sich auch noch einmal veranschaulichen, welche Bedeutung die Abwesenheit eines befriedigenden Objektes als paradigmatisches und traumatisches Schmerzerlebnis besitzt. Fällt es aus, dann droht die Ordnung der Bahnungen und Besetzungen zusammenzubrechen. Die Abwesenheit schreibt sich als Leerstelle ins Psychische ein und droht, den Zauderrhythmus, der alles erhält, zum Verstummen zu bringen.

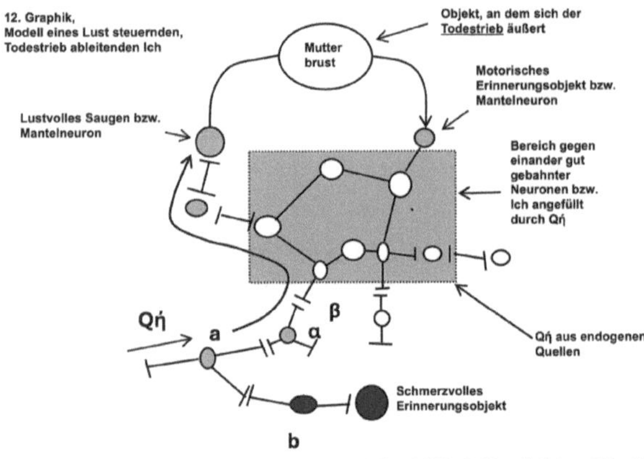

(Abb. 3, Freud, 1950c, S. 417, verändert von P. Denzin)

Die Differenzierung zwischen schmerzvollem und traumatisierendem Objekt lässt sich nun einfach ableiten. Das schmerzvolle Objekt überrascht als anwesendes Objekt. Es ist und fügt so etwas zu. In ihm erkennt sich das Leben genauso wie das befriedigende Objekt. Die Abwesenheit beider hinterlässt nichts als den Tod.

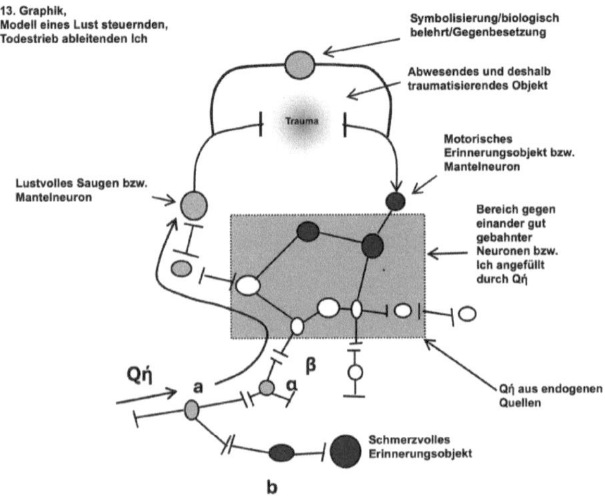

(Abb. 3, Freud, 1950c, S. 417, verändert von P. Denzin)

9. Von der Möglichkeit und der Unmöglichkeit des Todes im Psychischen

Am Schluss dieser Arbeit möchte ich die beiden Pole – Möglichkeit und Unmöglichkeit - des Titels aufgreifen. Mit ihnen soll die Dialektik Freuds in Bezug auf den Tod aufgegriffen werden. Das Spannungsfeld dazwischen und die Gleichzeitigkeit von Möglichkeit und Unmöglichkeit des Todes ist genau dasjenige, was nach vorgelegter Analyse hoffentlich nachvollziehbarerweise Freuds Denken bestimmt. Einerseits droht der Tod mit der Unmöglichkeit eines andauernden Lebens, anderseits schafft der Tod die Möglichkeit, im Leben zu gelingen. Das Mögliche findet sich hierbei als Ursächliches hinter der Formung des Psychischen, welche weite Umwege macht, um dem Tod zu entgehen.

So lassen sich die Schriften schon von 1895 bis 1920 - und wahrscheinlich darüber hinaus - als einen Umweg des Lebens lesen (vgl. Freud, 1920g, S. 41). Der *Entwurf einer Psychologie* und die Schrift *Jenseits des Lustprinzips* mit seinen - meines Erachtens - klaren Bezügen zum *Entwurf* entpuppen sich so als zwei Teile einer Klammer, die mein Thema einfasst. Dem *Entwurf einer Psychologie* wird so unterstellt, schon die Stelle im Psychischen Apparat, in der der Tod einbricht, als »blitzartigen Schmerz« und als *Not des Lebens* markiert zu haben. Dieses ist eine tendenziöse Lesart, sieht sie doch den Tod als jenes an, um das sich das Werden der Systeme im Psychischen Apparat entfaltet. Das Hineingreifen in das Leben über jene *Not* ist eine weitreichende Interpretation. Nachvollziehbarer ist wohl, dass Freud einfach Gedankenstränge, - liegen gelassen im *Entwurf einer Psychologie* - im *Jenseits des Lustprinzips* wieder aufnimmt. Dass er aber nicht nur Liegengelassenes wieder aufnimmt, sondern in ihm Leerstellen enthalten sind, scheint mir sehr plausibel. Das ist eine Argumentationslinie für eine in Richtung der Verklammerung beider Texte gehende Interpretation. Die Denkbewegung Freuds im *Entwurf* ist die der Anziehung des Erregungslosen, welche Wellen wirft und Systeme entfaltet.

In *Jenseits des Lustprinzips* wird entsprechend, ein Zustand der Trägheit im organischen Leben angenommen, welcher »unter dem Einflusse äußerer Störungskräfte aufgeben [werden] mußte« (Freud, 1920g, S. 38). Das Leben entfaltet dann Umwege.

Dass dieser Teil der Arbeit umfangreicher hätte werden können, ist einleuchtend, wenn man sich vor Augen führt, wie umfangreich Freuds Werk ist und welch großer Teil sich mit den Umwegen jedweder Beschaffenheit auseinandersetzt.

Nichtsdestotrotz bleibt festzuhalten, dass, will man die Folgen des Todestriebs auch über seine allgemeinen und strukturellen Merkmale hinaus darstellen, eine genauere Analyse jener Umwege nicht fehlen darf. Die gesellschaftliche Dimension soll hier als vollständig eigene Analyseebene nur erwähnt werden. Das *Unbehagen in der Kultur* ist da sicherlich nur eine Schrift Freuds, die zu dieser Ebene gehört, und dann nicht fehlen dürfte.

Ich hoffe trotzdem, dass meine These, dass sich die Drohung des materiellen Verlöschens im Werden des Psychischen als primäre Kraft erweist und sich in der Begegnung mit Abwesendem als Traumatisches äußert, an Plausibilität gewonnen hat.

Abschließend noch zur »volltönenden« These in der Einleitung, dass die bildsprachliche Idee eines Erhoben-Werdens, die Referenz war »die Erschaffung Adams«, eine in die wirkliche (und göttliche) Tiefenstruktur allen Lebens gehende Erkenntnis ist. Zu ihr bleibt zu sagen, dass sie eine Chimäre ist. Sie ist sowohl als Stellvertretendes »über« der Leere oder der Drohung des Verlöschens stabil, verkleidet aber diese, ohne in sich die Sehnsucht nach Ich-Stabilität als Fragiles zu markieren. Einzig im Klang, verstanden wie in Kapitel »*Periodisches schwingt sich auf zu Bewusstseinsfähigem*«, jedoch ohne ein -Ich-, lässt sich eine Geborgenheit annehmen, die auf etwas Jenseitiges verweist. Jenem Tönen, dem vielleicht eigentlich Libidinösen, soll an einer anderen Stelle nachgegangen werden.

10. Literaturliste

Die Werke von Freud werden nach der Bibliographie angegeben von: Meyer-Palmedo, Ingeborg (1982). *Konkordanz und Gesamtbibliographie*. Frankfurt/M.: Fischer Taschenbuch Verlag.

Freud, S. (1900a). *Die Traumdeutung*. GW II/III, S. 1ff.

— (1905d). *Drei Abhandlungen zur Sexualtheorie*. GW V, S. 27ff.

— (1914c). *Zur Einführung des Narzißmus*. GW X, S. 137ff.

— (1915c). *Triebe und Triebschicksale*. GW X, S. 209ff.

— (1920g). *Jenseits des Lustprinzips*. GW XIII, S. 1ff.

— (1950c). *Entwurf einer Psychologie*. GW Nachtragsband, S. 387ff.

— (1985) *Briefe an Wilhelm Fließ*. 1887-1904. Ungekürzte Ausgabe von Jeffrey Moussaieff Masson. Deutsche Fassung von Michael Schröter. Frankfurt am Main: S. Fischer.

Laplanche, J. & Pontalis J.-B. (1999). *Das Vokabular der Psychoanalyse*. Frankfurt am Main: Suhrkamp.